媽媽心態決定孩子狀態

江慧◎著

編輯序

孩子如同一張白紙，畫筆就在媽媽們的手中，在這張待畫的白紙上，是細緻地描繪，還是混亂地塗鴉，所有的一切都取決於妳。如何將妳的孩子教育成一位出色的「未來達人」，既是一門耐人尋味的藝術，也是一門深奧的科學。只有當妳修練出正確的育兒心態，才能用科學的育兒方法，去引導孩子開拓更加璀璨的明天。誠然，孩子的成長路上離不開媽媽，好媽媽不應只是做旁觀者看孩子如何成長，而應做孩子成長過程中的積極參與者，陪伴孩子一起成長。

著名教育專家蘇洛姆林斯基曾說過：「要像對待清晨荷葉上的露珠那樣小心翼翼地呵護孩子幼小的心靈。媽媽不僅要關心孩子的成長，讓每個孩子都沐浴著人性的光輝，更要讓孩子的成長充滿著幸福的體驗，讓媽媽的教育洋溢著高貴的氣質。」

在如今這個資訊無限成長的時代，傳統家庭教育中，那種只重養不重教的落後觀念已經越來越不合時宜了。而這本書在吸納了現代教育學、心理學、成功學、倫理學等權威專家的最新研究結果的基礎上，針對媽媽們在育兒方面存在的突出問題和現實困境，從媽媽育兒心態這一獨特視角，為家長朋友們透析了媽媽心態與孩子狀態相關方面的問題。圍繞這些問題，本書從不同角度，就媽媽應該如何調整自己在育兒過程中的心態做了充分的闡述，理論與實例相結合，向天下的媽媽們鄭重警示——媽媽心態決定孩子狀態，並就媽媽們在育兒過程中經常遇到的諸多問題，提出了可供參考運用的育兒技巧和方法。希望本書對那些渴望培養出優秀孩子的媽媽有所助益和啟示。

可以說，本書是一顆啟迪媽媽育兒智慧的靈犀種子，它思想深刻而不晦澀，內容充實而不繁瑣，語言輕鬆而不浮華，是一部集哲理性、教育性、知識性、實用性為一體的親子圖書。

每一個孩子都延續著媽媽的生命、理想與期盼。希望本書能夠為所有好媽媽實現望子成龍、望女成鳳的心願助一臂之力！請把這本書帶在身邊或放在枕邊，隨時翻查對照，做孩子心中期待的媽媽，把自己無私的小愛變成培育優秀孩子的大愛。

作者序

媽媽是孩子生命中最重要的人，天性使然，所有媽媽都明白要讓自己的孩子健康成長，但並不是每個媽媽都知道如何在心理上也培養出一個「優質寶寶」。可以說，媽媽是這個世界上最難做的職業了，因為教育孩子沒有彩排的可能，也不能依照他人的經驗，遇到問題常常不辨正誤、缺乏指引，只能在教育孩子的這塊薄冰上不知所措，踟躕徘徊。如果媽媽不能即時調整好自己的心態，將會直接影響到孩子的狀態，進而影響到孩子身心的健康成長。

沒有方向的前行是可怕的，在孩子的成長道路上，媽媽就會面對各種撲面而來的問題：

為什麼我的孩子沒有其他孩子那麼出色？

為什麼我的孩子不夠聰明好學？

為什麼我的孩子每次遇到困難總是退卻，不知進取？

為什麼我的孩子總是對我那麼冷漠，事事與我作對？

為什麼我的孩子缺乏自信，覺得什麼都不如別人？

為什麼我的孩子會步入歧途？

……

焦急的心情、緊鎖的眉頭、含淚的雙眼，媽媽的心裡裝滿了一個又一個沉重的問號。但是，能夠解答這些問題的人不是妳的孩子，也不是哪位教育專家，而是妳自己。做為一個媽媽，妳要知道世界上沒有不愛孩子的母親，但光有愛還不夠，愛不是全部、不是智慧、不是科學，妳的愛不能平等地換來孩子的幸福與成功。不僅如此，妳的那些錯誤心態、說錯的話、做錯的事、用錯的方法都可能會影響到孩子的一生。

每一個媽媽的錯誤心態都可能成為孩子不幸狀態的開端。這種不正確的愛、生硬的育兒方法、錯誤的教子心態都會給孩子釀成苦果。而好媽媽懂得人才的培養，觀念重於方法；人才的成長，思想勝過勤奮。當媽媽的頭腦被充滿智慧的育兒思想所主導，當媽媽的行動被一種理性的觀念所主宰時，孩子就能夠順利地釋放出原本就具有的內在潛力，進而獲得駕馭命運的能量。

本書理論與具體案例相結合，針對媽媽們應該如何調整自己在教子過程中的心態這一核心問題做了充分而全面的闡述，並且提出一個全新的理念——媽媽的心態決定孩子的狀態。同時，本書還就媽媽們在育兒中遇到的許多問題，提出了可供參考的育兒技巧和方法。不僅如此，本書另一個顯著的特點是貼近於生活，書中那些案例的主角可能是妳身邊熟悉的朋友，也可能是妳本人真實的寫照。

如果本書對那些渴望培養出優秀孩子的媽媽們有所幫助和啟迪，將是對作者莫大的獎賞。

Directory

2 打造母子的「彩虹之橋」，讓孩子向你完全打開心扉

Directory

4 樹大並非自然直，好孩子是教出來的

Directory

1

不「過分」愛孩子，
讓孩子擁有健康的身心

第一節

都是溺愛惹的禍

媽媽心態：愛孩子就該由著他的性子來。

孩子狀態：很任性，凡事都以自己為中心。

把一切都讓給子女，犧牲一切，甚至犧牲掉自己的幸福，這就是父母所能給予孩子最可怕的禮物！

隨著經濟的發展，現代的家庭結構發生了非常大的變化，家庭成員組成模式變成了以下幾種：６＋１式（父母、祖父母、外祖父母＋寶寶）、４＋１式（祖父母、父母＋寶寶）、２＋１式（父母＋寶寶）。這種新的家庭結構，使孩子成為了整個家庭關注的重心，也更容易滋生家人對孩子的溺愛。

一大家人都在圍著一個孩子轉，這樣的孩子被稱為「小皇帝」。但是，這些從小就嬌生慣養、百般呵護的孩子如果不學會自己成長就如同溫室裡的花朵，經不起一點風雨。

有一個叫阿部的小孩，因為是家裡的獨子，全家人都對他疼愛有加。上國小時，不是爺爺接，就是奶奶送。班裡的同學們都愛當他的跟屁蟲，不是因為他學習好，也不是因為他受夥伴們的喜歡，而是因為他有錢。誰跟他玩，誰就有吃不完的零食。媽媽擔心課業太多，把自己的孩子累倒，經過再三向老師請求，放鬆了對孩子學業的要求。

眼看就要國小畢業了，因為從小嬌生慣養不懂得謙讓，在一次體育課中他和一個同學發生了小小的摩擦，覺得受了莫大的委屈，便對這個同學大打出手，將對方致殘。因為案情非常嚴重，阿部被送進了少年觀護所。爺爺、奶奶急得住進了醫院，爸爸氣得悔恨道：「孩子全是妳們慣壞的，現在怎麼辦！」媽媽則整日哭哭啼啼，擔心孩子在少年觀護所裡被人欺負。

類似的例子還有很多，也許就發生在我們的身邊。如今的父母對自家的「小皇帝」都是嬌生慣養的，孩子說什麼就是什麼，要什麼就給什麼，對孩子的錯誤和缺點視而不見，任其發展。這種溺愛的結果就是讓孩子變得脾氣暴躁，好吃懶做，不求上進，一旦無法滿足他們的要求時，便做出愚蠢的事來。

有句話說的好，過分的溺愛，雖然是一種偉大的情感，但卻會使子女遭到徹底的毀滅。

不可否認，愛自己的孩子是人類的天性，但做為媽媽要學會理智地、有目的地表達對孩

子的愛，不能只是一味地沉溺於本能的愛，而是要選擇一些能夠恰當表達愛的方式。當然，學會正確的去愛孩子，並不是一件簡單的事。比如，我們在塑造一座雕像，快要完工的時候，發現雕像不理想，我們還可以棄之重塑一件新的作品，而媽媽對子女的「塑造」只有一次。這是一個只能成功不能失敗的任務，因此，媽媽們要不斷反思自己對孩子如何愛，才是真正的愛而不是害。

其實，對於孩子的愛正是媽媽給予子女最好的教育。媽媽愛的方式是正確的，她的孩子就會被教育的很好，長大後更容易出人頭地；媽媽愛的方式如果是錯誤的，就如同餵給孩子一劑慢性毒藥，早晚會毀了孩子。那種認為「不管孩子現在怎麼樣，長大了自然就會變好」的想法是要不得的。因為一個人世界觀和人生觀的形成都是從小一點一滴累積的，孩子的行為習慣和道德素質，如果不往好的方向引導，是非常危險的。

「嚴是愛，寬是害。」今日的小樹苗只有經過不斷地修理、培育、施肥、灌溉，讓它們在風雨中磨礪自己，明日才有可能長成為參天的大樹。

從前有一個湖，人們叫它天鵝湖。天鵝湖上有一座小島，島上住著老漁翁和他的妻子。平時，老漁翁搖船捕魚，妻子就在島上養雞餵鴨。除了買些柴米油鹽，他們很少與外界往來。

有一年秋天，一群天鵝飛到島上。牠們從寒冷的北方飛來，準備去溫暖的南方過冬。老夫婦見到這群天鵝，非常高興，格外喜愛這些遠方的來客。

漁翁夫婦每天都拿出餵雞的飼料和打來的小魚餵天鵝。於是，這群天鵝就與這對老夫婦熟悉了起來。牠們在湖裡自由自在地游弋，而且在老漁翁乘小船捕魚時，牠們還隨船而行，嬉戲左右。

冬天轉眼就來了，這群天鵝竟然沒有繼續向南飛，牠們白天在湖上覓食，晚上在小島上棲息。湖面冰封後，牠們無法找到食物，老夫婦就讓牠們在屋裡取暖，並且給牠們吃的。這種愛每年都延續到春天的來到，湖面徹底解凍。

日復一日，年復一年，老夫婦就這樣奉獻著他們的愛心。

後來，他們老了，離開了小島，天鵝也從此消失了。不過，天鵝不是飛向了南方，而是在第二年湖面冰封時餓死了。

老夫婦對天鵝的愛，絕對是無私而又真摯的。這些可愛的小精靈給孤寂的他們帶來了無限的歡樂。在寒冷的冬天裡，不能適應嚴寒天氣的天鵝需要他們的照顧與呵護。可是，老夫婦無論如何也沒有想到，習慣關愛的天鵝一旦失去了他們的援助，結局將是十分悽慘的。

在我們現實生活中有許多這樣溺愛的鏡頭在上演：有的同學都上國小三四年級了，起床卻要父母幫忙穿衣服；早飯還要父母餵；書包、書桌父母整理；上、下學要父母接送……那些父母把兒女們當作寶貝一樣看待，捧在手心裡怕摔了，含在嘴裡怕化了，但是他們想過

嗎，這樣做到底是在愛孩子還是在害孩子？

任何好事做過了頭就變成了壞事，愛也同樣，愛過了頭也就變成了害。對孩子的愛更是如此，過分的溺愛會造成孩子心靈世界的荒蕪，形成人格的缺失，出了社會後與身邊的人格格不入，有的甚至會落得悲慘的結局。做為父母，如果對孩子的需求不加約束就是愚蠢的行為，過分放縱孩子將使他們難以面對未來人生中的挫折。

「嚴家無悍虜，慈母有敗子」，這是古往今來無數父母家教經驗的真實總結，值得每個媽媽記下。

【媽媽先知道】

天下的父母都愛孩子，但未必都會愛孩子。不可否認，母親的心總是仁慈的，但是仁慈的心要用得好，如果用不好的話，結果就會適得其反。

過分溺愛孩子，實際上是剝奪了孩子面對挫折和困難的機會。只有在成長的道路上遇到這些機會，並學著勇敢和頑強地去克服它們，才是最有利於孩子成長的。

第二節

讓孩子做一隻「有翅膀的小鳥」

媽媽心態：你只管學習，像穿襪子這類小事讓媽媽幫你做。

孩子狀態：沒有動手能力，喪失了嘗試的機會和自由成長的空間。

孩子的人生是他自己的，媽媽不可能一一教會他如何成長，路要靠他自己走下去。因此，媽媽不必怕孩子跌倒而在一邊警惕地守候，更不可能背著孩子走一輩子，或是替他剷除成長道路上的所有荊棘。

許多媽媽都習慣了自己一手包辦，就算偶爾讓孩子自己去做一些事情，她也會在旁邊幫孩子掃除障礙，而最後真正屬於孩子自己做的部分不到十之一二。這樣的「援助」，對孩子的動手能力是毫無意義的，因為真正能鍛鍊孩子動手能力的正是那些障礙、困難。

在這種環境中長大的孩子就像是新生兒一樣，對任何事情都不瞭解，不會自己動手，還經常對事情表現得很懈怠、很懶惰。這樣的孩子長大之後，對自己的事也不會有什麼責任

心，就算他們想嘗試去做，也會由於缺乏經驗而把事情搞砸。

不僅如此，這樣的做法還會使孩子喪失嘗試的機會和自由成長的空間。

隨著孩子的成長，媽媽必須有意識地告訴自己，甚至是克制自己，不要有那種無論什麼事都想為孩子去做的想法和衝動，應該給孩子營造自由成長的空間。同時，媽媽也要除去那些多餘的擔心，盡可能地讓孩子接觸到不同的事物，體驗成長帶來的苦痛和快樂。

孩子的世界是一個相對獨立的世界，每個孩子都有自己的想法，都有對自己的不同定位。做為孩子成長的引導者，媽媽要給孩子一定的自由，充分信任和尊重孩子。

走進美國陶氏集團的紐約總部，首先映入眼簾的是總部門口擺著的一個巨大的魚缸。魚缸裡有十幾條美麗的熱帶魚開心地嬉戲著，牠們長約三寸，脊背上一片紅色，頭很大，長得非常漂亮。進出總部大樓的人幾乎都會因為這些美麗的熱帶魚而駐足停留。

就這樣，美麗的小魚們一直在魚缸中快樂地生長著，吸引著眾人喜愛的目光。幾年過去了，小魚們的「個頭」從沒有發生什麼變化，依舊三寸來長，在魚缸裡游來游去。

有一天，董事長頑皮的兒子來總部大樓找父親，看到這些美麗的小魚，很好奇，就伸手試圖抓一隻來玩。魚兒們拼命閃躲，慌亂中，魚缸被他從桌子上推了下去，碎了一地。魚缸裡的水流的到處都是，十幾條熱帶魚可憐巴巴地在地上撲騰。

公司的人急忙把牠們揀起來，但是魚缸碎了，把牠們放在哪呢？人們發現只有大樓中央的噴水池可以做牠們暫時的容身之所。於是，就把這十幾條熱帶魚放了進去。

兩個月後，一個嶄新的魚缸被抬了回來。人們來到噴水池邊撈起了那些漂亮的小熱帶魚，但令他們非常驚訝的是，那些魚竟然由三寸瘋長到了一尺長。

對於小熱帶魚的突然長大，人們議論紛紛。有人說，噴水池的水裡可能含有某種礦物質，是它促進了魚的生長；也有人說，這些魚兒可能是吃了什麼特殊的食物。但無論答案是什麼，都有一個共同的前提，那就是噴水池比以前的魚缸大得多。

媽媽對孩子的教育，也應該是這樣的。要想使孩子長得更快、更高，長大後更出色，就一定要給他們成長的自由，而不要讓孩子從小就侷限於一個小小的「魚缸」中。

對於孩子的自由成長，媽媽首先應該給孩子選擇的自由，並尊重孩子的選擇，哪怕是非常愚蠢的選擇。就算孩子為自己的選擇付出了沉重的代價，這依然是任何財富都無法換取的成長經歷。

保羅的爸爸是一個狂熱的集郵愛好者，在耶誕節到來之際，他送保羅一整套珍貴的郵票，希望這個珍貴的禮物能喚起兒子對集郵的興趣。

而事實上，九歲的小保羅對集郵根本沒興趣，他希望得到的是一套籃球明星卡，而不是爸爸喜愛的珍貴郵票。

一天，小保羅在夥伴家裡發現了自己夢寐以求的那套籃球明星卡，他愛不釋手，於是就用爸爸送給他的那套郵票換回了夥伴的籃球明星卡。

知道這次交換後，保羅的爸爸非常惱火。讓他生氣的不只是小保羅不尊重自己，把送給他的禮物輕易地給了別人。爸爸還認為，和保羅交換的小孩年齡大，應該懂得郵票的價值要遠遠超過那套明星卡的價值，這明顯是在佔兒子的便宜。

爸爸嚴厲要求保羅從夥伴那裡要回那套珍貴的郵票，並退回籃球明星卡，並且向兒子指出這兩件東西是不等價的。最後，小保羅被迫執行了爸爸的命令。

這件事使保羅非常窘迫，和小夥伴之間的關係也就此破裂了。

保羅爸爸的做法嚴重傷害了小保羅的自尊心，使保羅對自己的判斷能力產生了極大的懷疑。保羅雖然年幼，人生觀還不是很健全，但是他同樣有自己的觀點、愛好、判斷力。做為家長，要給予合理的引導，將自己的要求隱藏在得體的語言指導上，讓孩子自己看清楚事情的真實面貌，然後做出正確的選擇。

咖啡是苦的，辣椒是辣的，肥皂是澀的，泥巴是腥的……等等，這些已經是我們每個人都知道的生活常識，但是孩子們對這些是沒有概念的，因為他們並沒有親自嘗試過。並且，每個孩子天生都擁有最強烈的好奇心和叛逆心理，如果媽媽執意按照自己的意願去阻止，最後的結果往往是「哪裡有壓迫，哪裡就會出現反抗」。如同妳告訴孩子咖啡很苦，可是他非要經過自己的親自嘗試才肯相信媽媽的話一樣。

同樣是鳥兒，美麗的孔雀只能在地上展開斑斕的翅膀，而高飛的雄鷹卻能翱翔於萬里，這正是因為孔雀沒有雄鷹那般自由而堅毅的冒險精神。給孩子嘗試的自由，放手讓孩子自己去品味生活的點滴，這比父母的經驗教育更有震撼力，也更容易被孩子接受。

所以，做為孩子的媽媽，從現在開始，請放開妳的雙手。

【媽媽先知道】

生活中的酸甜苦辣總要靠孩子親自去品嚐，方能明白箇中滋味。所以，媽媽不能習慣性地一手包辦，要給孩子自己動手的空間。

很多時候，孩子並不是不想動手做事，而是他們沒有機會，媽媽應該放手讓孩子自己去嘗試做一些事。同時還要給予孩子一定的指導和鼓勵，讓孩子知道其實自己獨立完成也是可以的，這樣他們就會嘗試著去做，而鼓勵會帶給孩子更多的動力，讓他們的自豪感和好奇心得到滿足。

第三節

從小種下競爭的種子

媽媽心態：孩子不懂事，做媽的應該為他承擔一切。
孩子狀態：個性軟弱，在充滿競爭的社會很難立足。

高尚的競爭是一切卓越才能的泉源。

媽媽們經常把「孩子真聽話」、「真乖」做為對好孩子的評價尺度，如今，這一觀念已經陳腐。從孩子未來所面臨的環境以及孩子生存發展的需要來看，從小培養孩子具備競爭的意識，擁有堅強的意志，勇於和敢於迎接挑戰，不怕挫折與艱辛的心理素質才是正確的教育觀念。因此，培養孩子的競爭意識和競爭能力成為當前媽媽教育孩子的一項重要任務。

競爭意識是指對外界活動所做出的奮發、積極、不甘落後的心理反應。從小培養孩子的競爭意識，鼓勵孩子參與競爭，對於孩子的健康成長具有重大的意義。

日本的北海道盛產一種味道奇美的鰻魚，許多漁民都以捕撈鰻魚為生。可是，鰻魚的生命非常脆弱，只要一離開深海區，過不了半天就會全部死亡。

有一位老漁民天天出海捕撈鰻魚，奇怪的是，每次返回岸邊後，他的鰻魚總是活蹦亂跳的。而其他捕撈鰻魚的漁民，無論怎樣對待捕撈到的鰻魚，回港後全是死的。

由於鮮活的鰻魚要比死掉的鰻魚貴上幾倍的價錢，所以沒幾年工夫，老漁民一家就成了北海道著名的富翁。而周圍的漁民做著同樣的事情，卻只能維持簡單的溫飽。

原來，鰻魚不死的秘訣，就是在整倉的鰻魚中，放進幾條狗魚。鰻魚與狗魚是出了名的死對頭。幾條勢單力薄的狗魚遇到成倉的天敵，便驚慌地在鰻魚群裡四處亂竄，這樣一來，一倉死氣沉沉的鰻魚就因為幾條狗魚而煥發出了生機。

這就是競爭的作用，狗魚為了在天敵環繞的情況下生存，拼命游竄。正是不安分的狗魚，啟動了鰻魚內在的活力。對待孩子的教育同樣如此，好媽媽會在自己的孩子身邊安排一些「不安分」的狗魚，從小就著力培養孩子的競爭意識，提供給孩子一個競爭的舞臺，充分激發孩子的潛能，鼓勵他們永遠以積極的心態對待自己的人生。

在哥倫比亞的國家級森林公園中，生活著一隻年輕的美洲虎。美洲虎是一種瀕臨滅絕的珍稀動物，全世界僅存十幾隻，為了更好地保護這隻珍稀的老虎，哥倫比亞人在國家森林公

園中專門建造了一個虎園。這個虎園佔地二十平方公里，並有精心設計的舒適的虎房。

虎園裡森林茂密，溝壑縱橫，有成群人工飼養的牛、羊、鹿、兔供美洲虎盡情享用。

奇怪的是，從沒有人看見美洲虎去捕捉那些專門為牠預備的食物，也沒有人看見牠王氣十足地縱橫於群山之中，甚至未聽過牠像模像樣地吼上幾聲。人們只看到牠整天待在裝有空調的虎房裡打瞌睡，一副無精打采的樣子。

有一天，一位動物學家到森林公園來考察。見到這隻美洲虎那副懶散的樣子，便對管理員說：「老虎是叢林之王，在牠所居住的環境中，不能只放上一群溫順的草食性動物，要放養一些獵殺性的動物。這麼大的一片虎園，即便不放進幾隻狼，至少也應放進兩隻豺狗。不然，美洲虎是無論如何也提不起精神來的。」

管理員聽從了動物學家的意見，不久便引進了兩隻美洲豹。這一招果然奏效，自從美洲豹進入虎園的那一天，這隻美洲虎再也躺不下去了。牠每天不是站在高高的山頂大聲地咆哮，就是在叢林的邊緣地帶警惕地巡視和遊蕩。老虎天生的那種剛烈威猛、霸氣十足的獸性被重新喚醒，牠又成了一隻真正的百獸之王。

美洲虎的慵懶無神，顯然是動物園管理人員的「精心呵護」造成的。過於舒適的虎園讓牠缺乏了競爭的動力與激情，自甘墮落地過著安逸祥和的生活。這樣一來，整日無精打采、埋頭大睡的美洲虎，與一隻貓咪又有什麼區別呢？這就需要媽媽們反思了，自己是不是在重複著哥倫比亞國家公園中的故事呢？

在現實生活中，有些孩子就像故事中的那隻美洲虎一樣，需要競爭的刺激才能把潛能充分發揮出來。如果媽媽把握正確，競爭意識可以成為孩子盡力把事情做好的動力。心理學研究表明，競爭能力與個性緊密聯繫，具有良好個性的孩子，對待競爭問題會更理智、更積極。因此，媽媽要從孩子本身的性格特點和興趣特長出發，培養孩子完善的人格，使其具備更強的競爭能力。同時，為孩子營造一個競爭的環境，也是媽媽培養一隻「小老虎」的關鍵。俗話說「物以類聚，人以群分」，如果妳的孩子身邊充滿了整日生活漫無目的、好吃懶做的人，妳的孩子會優秀嗎？如果妳的孩子身邊有一群積極上進、永不滿足的人，妳的孩子會自甘墮落嗎？

現代社會，家長對子女的期望越來越高，為此，有的媽媽總是要求自己的孩子要事事「比別人強」、「比別人棒」。在如此苛刻的要求下，孩子的潛能也許會被激發出來，獲得預期的效果。但是，如果孩子發自內心盡力地做，卻得不到任何結果，甚至遭遇失敗，就可能會影響到孩子繼續嘗試，甚至產生退縮、畏懼的心理。其實，只要盡了力，對孩子而言，就是「贏」。因此，媽媽必須改變這種歪曲的競爭觀念，要讓孩子明白：永遠不要只著眼於和別人爭高下，而是向自己的能力極限挑戰。

還有一些孩子，在競爭的環境裡，學習壓力越來越大。加上獨生子女多有表現自我、突出自我的性格特點，就使得競爭變得越發不正常：有的孩子以為競爭就是不擇手段地戰勝對

方，「置人於死地而後快」；有的孩子內心充滿了嫉妒，只要別人在某一方面超過了自己，就會對其採取「封閉」和「打擊」的對策。媽媽當然會對孩子這種畸形的競爭心態感到憂慮，應該即時教會孩子用從容的心態看待超越和被超越，不應充滿妒忌和憤懣。

有競爭的存在，就必然有勝利與失敗。而參與競爭的意義之一，就是學會有風度地接受失敗，並且誠心實意地祝福對手。媽媽要告訴孩子，在競爭中得到勝利固然值得驕傲，但與同伴團結合作的精神，也是不可或缺的品德。

【媽媽先知道】

在培養孩子競爭意識的過程中，媽媽首先應該讓孩子明白，競爭不應是狹隘與自私的，一個偉大的競爭者應該具有廣闊的胸懷；競爭也不應是陰險與狡詐的，不應暗中算計別人，應該齊頭並進，以實力超越別人；競爭同樣不排除合作，沒有良好的合作精神和團隊信念，單槍匹馬的競爭者是孤獨的，也是不易成功的。

第四節

獎勵，慢慢來

媽媽心態：如果你不再踩水坑，媽媽就給你買冰淇淋。

孩子狀態：為得到獎勵，以後肯定還會再犯。

當以一種合理的獎勵方式對待孩子的行為時，妳會發現孩子正在向妳所期待的方向發展。

有許多媽媽時常利用獎勵的辦法，來促進孩子主動自覺的意願。不可否認，有時候適當的獎勵可以激發起孩子的上進心，然而，如果獎勵的方式不當，也會適得其反，甚至會使孩子失去主動自覺的精神。例如，媽媽為了促使孩子認真做功課，便與孩子約法三章，只要某次考試平均分數達到九十分以上，就買一個變形金剛玩具送給他，如果達不到要求時，就扣他的零用錢。此時，孩子為了得到變形金剛玩具，肯定會努力用功，但是這時的用功，只是利之所趨的結果，並不是真正的主動自覺，一旦目的達到，就不再持續下去了。

今天是家欣夫婦約朋友見面的日子，雙方都說好了不帶孩子，只是成年人之間的活動。但是三歲的兒子翔翔吵著要跟著一塊去，無論如何也不肯和奶奶待在家裡，為此，他不惜在地上打滾、哭鬧，還把剛換上的新衣服弄髒了。

這時，家欣想到了兒子最喜歡吃的巧克力。雖然平時為了防止翔翔長蛀牙，家欣時刻都將巧克力藏起來。但這次為了克制孩子的哭鬧，家欣竟將巧克力拿了出來，並向翔翔許諾：「翔翔別哭，媽媽回來的時候給你帶小禮物，好嗎？」

事實上，家欣的這個舉動無疑是鼓勵了翔翔以哭鬧來達到目的的行為，如果下一次翔翔想再以什麼方式來達到某種目的的話，他第一時間想到的肯定是哭鬧。此刻，媽媽正確的做法應該是：在翔翔還沒有開始哭鬧的時候就給他以鼓勵，鼓勵他和媽媽合作，然後再對他的合作行為給予獎勵。這時候，孩子的潛意識裡就會形成一個概念：如果不哭不鬧，聽媽媽的話，和媽媽合作，就會得到媽媽的獎勵，而不是哭鬧就能解決問題的。

現實生活中，常常聽到很多媽媽這樣獎勵孩子：「別哭，寶貝，要是妳聽話，媽媽給妳買棒棒糖吃！」「如果妳不再踩水坑，媽媽給妳買冰淇淋。」……也許對於當時的情形，這是一種解決問題的最有效辦法，立刻就能制止孩子的哭鬧行為。但是事實上，媽媽是在用「獎勵」的方式鼓動孩子以哭鬧的方式獲得獎勵。孩子一旦嚐到了甜頭，便會養成了以不良行為換取「獎勵」的壞習慣，到那時候再改正就來不及了。

獎勵和懲罰是不可缺少的教育手段，可以幫助孩子養成良好的行為習慣、建立正確的是非觀念。但是，媽媽對孩子恰當的關注和獎賞，比僅僅關注孩子的錯誤行為要好得多，並且能增強孩子的自信、自尊和競爭的意識，激發了孩子積極向上的願望。當妳以一種合理的獎勵方式對待孩子行為的時候，妳會發現，孩子正在向妳所期待的方向發展。

小布的媽媽最近因為兒子的壞毛病而頭疼得厲害。不知道從什麼時候開始，小布經常忘記把牙刷放在漱口杯裡，每次刷完牙後，他總是把牙刷丟在洗手台的邊上，一點也不衛生。而且，最讓媽媽感到氣憤的是，每次當她和小布講明這樣做的壞處時，小布總是一副毫不在意的表情，一邊繼續自己該做的事情，一邊心不在焉地回答道：「知道了，媽媽。」

有一天早上，小布刷完牙之後，正要像平常一樣把牙刷丟在洗手台邊上的時候，突然想起媽媽說的話，於是就很認真地把牙刷放到杯子裡，還特意擺了一個好看的姿勢。

很不巧的是，今天媽媽根本沒注意到小布的這個舉動，她把兒子擺正牙刷的這個細節看作是一件正常、合理的事情。

媽媽這種沒有反應的表現令小布感覺很沒有成就感。

第二天，小布又像往常一樣把牙刷丟在洗手台邊上。

「小布，你的這個壞習慣要媽媽重複多少遍才能改正呢？你又把牙刷丟在洗手台邊上了，這樣做是很不衛生的！」媽媽非常生氣地說道。

「媽媽，我都以為妳忘記了。」

「你怎麼可以這樣說呢？」媽媽很吃驚地看著小布。

「因為昨天我已經把牙刷放到杯子裡了，但是妳卻什麼都沒有說。」

從以上案例我們可以看出，當孩子深刻地意識到自己的小毛病，並且已經做出改變的時候，媽媽一定要鼓勵這樣的行為，使孩子對自己行為的正確認知得到強化。如果得不到媽媽的讚賞和支持，就會像小布一樣，感到十分失望，甚至放棄了改正錯誤的決心。此時，媽媽應該用心去發現自己孩子的正確行為，而且對於這樣的表現應該正視和獎勵，不要在孩子表現得非常出色的時候認為是情理之中的事情而漠然處之。媽媽要知道，這時候表揚孩子的正確的行為比責備他的錯誤行為所起的教育效果要更有效。

值得每一位媽媽注意的是，在表達對孩子獎勵的時候，一定要注意慎用金錢來鼓勵和強化孩子的行為。否則，一旦現有的金錢獎勵不能滿足孩子的需要時，孩子的正確行為就會自行消失，這是所有媽媽都不希望看到的。

日常生活中我們常常聽到這樣的話：「給媽媽捶捶肩膀，媽媽給妳報酬。」「寶貝，去幫媽媽買瓶醬油，剩下的零錢就歸妳了。」……

可是，親子之間的關係不應該是商業關係，親子之間的教育更不應該是金錢教育，這種用金錢的獎勵換取與孩子之間互動的教育，最終只會導致孩子想要花錢的時候，就會對媽媽說：「媽媽，要不我給妳捶捶肩膀吧？」

除此以外，有的媽媽還喜歡用金錢來獎勵孩子的學習成績，但這樣的獎勵方式只能達到偶爾刺激孩子學習積極性的目的，如果總是使用這種方式，不但喪失了刺激的作用，還會使孩子產生了錯誤的想法：把學習等同於金錢的獎勵，為了零用錢而學習。甚至還可能導致品德上的問題，比如為了獲得好成績、高分數，不惜在學習中以弄虛作假、欺騙隱瞞的方式，來獲得媽媽的獎勵。或者一旦沒有獲得好成績，不能得到媽媽的金錢獎勵時，就會心理失衡、心灰意冷，甚至喪失信心等，進而在學習上退步。因此，媽媽對孩子獎勵的原則一定要精神獎勵重於物質獎勵。否則就會造成「為零用錢而做」、「為爸爸媽媽而做」的不良心態。

如果媽媽非要給孩子以物質獎勵，不妨以書籍或者其他學習用品來代替金錢，不要使孩子陷入以賺錢為動力的惡性循環。

【媽媽先知道】

在孩子成長的過程中，媽媽對孩子的獎勵伴隨著整個教育的始終。有時候，獎勵是一句肯定的話語、一件漂亮的衣服、一本催人奮進的勵志書……這些都是媽媽表達肯定和鼓勵的方式。要注意的是，對孩子的獎勵方式，一定是有教育意義的，有利於孩子的成長的。同時要把握時機和分寸，要知道，對孩子正確行為的認可是對他們成長最好的獎勵。

第五節

誰說孩子的屁股「碰」不得？

媽媽心態：懲罰孩子，太殘忍了吧！

孩子狀態：對所犯錯誤毫無印象，不會記住去改正。

很多媽媽在懲罰教育自己孩子的時候，會不由自主的用自己的「權力」，強迫孩子改正。這種單純地以命令、強迫孩子做事的方式、懲罰孩子的方法是不可取的，只會導致孩子用其他方式來對抗。正確的方法則是讓孩子切實感受到自己的錯誤。

很多媽媽都認為，似乎不打孩子就無法教育好孩子，所謂「不打不成材」。但是對於孩子們來說，打罵只會傷害到他們脆弱的自尊心，甚至還可能引起反作用。在對孩子的教育中，父母應該注意考慮孩子的自尊心建立為前提，一味蠻橫打罵，對孩子來說只能是皮肉之痛，卻不能讓孩子真正的明白自己的錯誤。

同樣，一些媽媽認為，自己的千金寶貝不能打，無論孩子做錯了什麼事都捨不得教育，認為孩子長大了自然能夠改正。不管想讓孩子做到什麼事都只知道透過金錢或者物質獎勵的方式來讓孩子達到。這對孩子的成長也是不利的，這樣的孩子長大後，往往無利不往，只知道索取，不知道付出。不明白人生往往是付出大於所得，是要透過自己的辛苦努力才能換來甜蜜的喜悅。

相反，另外一些媽媽認為，「沒有懲罰就沒有教育」，必要的懲罰是控制孩子行為的有效信號。孩子不好的習慣需要透過懲罰來消除，楊媽媽正是這麼做的。

一天，媽媽楊麗和女兒約好了一起去看電影。下午的時候，女兒的好朋友打電話過來邀請女兒一塊逛街，楊麗便答應了，但她告訴女兒，必須在晚上六點之前回到家裡。

可是，女兒在六點三十分的時候才到家。

楊麗並沒有說什麼，只是讓女兒看了下錶，女兒知道自己沒有遵守和媽媽的約定，便低著頭向楊麗道歉：「媽媽，我錯了。」

晚飯過後，女兒趕緊換上衣服，這時楊麗讓女兒看了看錶，說：「時間來不及了，今天的電影恐怕是趕不上了，下次我們再去吧。」

女兒央求媽媽帶她去看電影，然而楊麗並沒有心軟，只是淡淡的說：「由於妳回來晚了，耽誤了時間，這次看電影的計畫也就相應地取消了。」

用懲罰的方式來糾正女兒不守時的壞習慣，效果是顯而易見的，媽媽楊麗不僅注重用獎懲分明的手段來糾正女兒的不良習慣，同時也積極地向她灌輸了「做人要講信用」的理念。

孩子在做錯事情的時候，諸如打架、欺負同學、拆毀玩具和東西的時候，如果不加以懲罰，這些不良的表現也許就會進一步加深和發展。那麼怎樣懲罰有過錯的孩子，幫助他們認識自己的過錯並且改正呢？

有時候，媽媽的強迫、命令只能給孩子帶來反感，進而不能達到懲罰的效果。正確的方法則是讓孩子切實感受到自身的錯誤。

娜娜滿十三歲了，已經是個知道穿衣打扮的小姑娘，最直接的表現就是她換衣服的頻率越來越高了，這也加重了媽媽處理家務的負擔。於是，媽媽找她談話：「寶貝，媽媽工作特別繁忙，妳是知道的，妳已經十三歲了，應該學會為媽媽分擔家務，做一些屬於自己能力範圍的事情。以後妳的衣服試著自己洗，如果妳忘記了，那妳只好穿髒衣服了。」娜娜很爽快的答應了。

一週之後，媽媽發現洗衣機裡面全是娜娜的換洗衣服，她非常生氣，於是很嚴厲地批評了娜娜的行為，娜娜答應了媽媽會改正。

但是接下來的一週，娜娜還是沒有清洗自己的髒衣服，洗衣機裡已經放不下了，家裡到處都是娜娜的髒衣服，她已經沒有幾件乾淨的衣服可以換了。但是娜娜寧願從髒衣服堆裡挑稍微乾淨的衣服穿也不願意動手洗髒衣服。

媽媽終於被激怒了，她將娜娜狠狠地罵了一頓，逼著娜娜在洗衣機前把衣服洗了……可是，娜娜的壞習慣並沒有因此而改變……

事實上，娜娜是一個愛打扮的女孩，不可能一直穿著髒衣服，她肯定懂得什麼是漂亮的、什麼是邋遢的。她不肯清洗髒衣服可能是出於對媽媽干涉自己的抗議，她想讓媽媽知道，她並不願意讓別人強迫自己做事情。因此，她寧願穿髒衣服，也不要媽媽的支配。

對於這件事情的處理，媽媽不應該以強迫娜娜在洗衣機前清理衣服的方式來懲罰娜娜，而是直接告訴她，她已經長大了，有能力管理自己的生活，清洗衣服是她能力範圍的事情，她應該為此負責，媽媽不會再替她操心。如果媽媽以這種心平氣和的方式與娜娜進行溝通，瞭解女兒不洗衣服的原因，可能就會避免了這一場長時間的鬥爭，而事情的結果也許會不一樣。

很多媽媽在教育自己孩子的時候，會不由自主地用自己的「權力」，強迫孩子改正，就像案例中媽媽強迫娜娜洗衣服一樣。這樣單純地以命令、強迫孩子做事的方式只會換來孩子用其他方式來抗爭的後果。

對於孩子的懲罰，涉及到一種「自然懲罰法則」。自然懲罰法則的內涵是：當孩子在行為上有錯誤的時候，不應當對孩子過多指責，而是讓孩子自己承擔由於錯誤而造成直接的後

果。給孩子心理上的懲罰，使其在承受後果的範圍內感受心情上的不愉快或者痛苦，進而讓孩子自我反省、自覺彌補過失，改正錯誤。這個法則其實就是讓孩子在自作自受中體驗到痛苦的懲罰，進而汲取教訓。

自然懲罰法則確實是能夠幫助孩子學習到很多東西。每一次「懲罰」的背後，孩子肯定都能領悟到什麼，但是這裡所強調的作為，媽媽對孩子懲罰並不能等同於平常人的懲罰，這裡的懲罰必然是以教育為目的，是媽媽在孩子成長過程中對孩子的一種特殊的教育手段。

受到懲罰的孩子也許會感到迷惑不解，不知道到底應該怎麼做才是。他們也許是在猜測，媽媽到底想要我怎麼做呢？

但是，不管媽媽怎麼說，目的都是在勸孩子放棄原有的行為，對於孩子，並沒有真正意識到這種行為存在的危害性。

如上述案例中，媽媽並沒有告訴娜娜不清洗衣服的壞習慣對自己日後成長的害處。其實不論是大人還是小孩，受到懲罰後都會有一種羞辱感，感到壓抑、困惑、惱怒，甚至想報復。如果從另一個角度做出相應的努力，這些不良的情緒就會減少或許不會出現了。

當媽媽認為懲罰必不可少的時候，最好的辦法就是當即實施，簡潔明瞭，而且應與孩子的具體行為結合起來，尤其是年齡較小的小孩，更應該是這樣。但是一定要注意對懲罰時間的控制，最好不超過一分鐘，否則會使孩子產生敵對的情緒。

【媽媽先知道】

一個真正的好媽媽應該意識到，世界上沒有不犯錯的孩子，處於成長階段的孩子總是會不停地犯錯。因此，對於孩子的懲罰也是必不可少的。但是一定要注意懲罰的方式，在實行懲罰時，一定要注意結合孩子的個性特點、興趣和動機，指出孩子的過錯並加以責備，警告他不再犯錯就可以了。同時一定要注意選擇適當的場合和時機，一般情況下，在孩子開始悔悟並承認自己錯誤、願意改過的時候便適可而止。

第六節

讓孩子吃苦，沒什麼不好

媽媽心態：現在條件好了，誰還捨得讓孩子吃苦啊？

孩子狀態：缺乏克制和吃苦精神，無法適應社會。

媽媽們疼愛自己的孩子，怕孩子吃苦受累的心情誰都能夠理解。但是媽媽們應該儘早弄明白自己到底想讓孩子長大後成為怎樣的人，是一個成就偉大事業的人，還是一個一無是處的人？但凡那些有大作為的成功者，都是從小就養成勤勞、不怕吃苦的好習慣。因此，能不能幫助孩子養成熱愛勞動、不怕挫折和失敗的好習慣才是媽媽們真正應該做的。

如今人們越來越富裕了，生活品質也在不斷提高，許多小時候窮苦的父母都不願意讓孩子再受這份苦，他們竭盡全力讓自己的孩子過好日子。有些父母對自己的孩子是捧在手裡怕摔了、含在嘴裡怕化了，不捨得讓孩子做任何事情，恨不能把所有的事情都替孩子想到，事事都親力親為。尤其是媽媽們，她們「不忍心」讓自己的孩子吃一丁點苦，受一丁點委屈，可是她們不明白這樣做不是真正對孩子好，而是在害孩子。

在這一點上，媽媽們應該向美國的媽媽們學習，該「狠心」的時候就得「狠心」。下面我們來看兩個例子，看看美國媽媽們是如何對自己孩子「狠心」的：

第一個例子：有一年耶誕節前夕，紐約下起了大雪。人行道上走來一位母親，她身上裹著厚厚的棉衣，手上推著一輛嬰兒車。這位母親每走一段路就停下來暖暖手，再跺跺腳。再看車裡的小嬰兒，他看上去也就六、七個月大，兩隻大眼睛一直好奇地左看右看，小臉蛋凍得紅紅的，小手不停地指這兒指那兒，嘴裡還在喃喃地說著什麼。

很多過路的人都好奇地看這對母子，有一位老人還問這位母親說：「這麼冷的天氣，孩子不會感冒吧！」旁邊路過的人也關心地問：「孩子這麼小，不怕凍壞他嗎？」

這位母親微笑著說：「沒關係，我只是想讓孩子呼吸一下新鮮的空氣，接觸接觸大自然。」

第二個例子：一歲的小吉姆正在爬沙發扶手，扶手雖然不高，但是對小吉姆來說爬著有點困難。媽媽沒有阻止兒子這麼做，而是在旁邊保護他。小吉姆歷盡千辛萬苦好不容易快要成功了，可是一個不小心他摔在了鋪著地毯的地板上，便嘴一咧哭了起來。

媽媽對小吉姆說：「孩子，別哭，自己站起來。別害怕，媽媽在旁邊看著你，你一定能

爬上去。」有了媽媽的鼓勵，小吉姆停止哭泣，站起來重新爬沙發，並且成功了。

媽媽看完上面的例子一定無法贊同這兩位美國媽媽的做法，一定覺得這麼做太殘忍了。但是我要說，這兩個例子確實能給媽媽們很大的啟示。每個媽媽都希望自己的孩子長大後有出息，但是孩子要從小培養，而不是等到他們定型了之後再去大呼小叫地教育他們。那樣做既費力氣又沒效果，為何不在一開始就選擇一種對孩子有益的方式教育他們呢？我能夠理解媽媽們疼愛孩子的心情，可是孩子畢竟是要成長的，媽媽們不可能一輩子守護在孩子身邊，如果現在不讓孩子吃點小苦頭，孩子長大出社會後就會吃更大的苦頭。因此，媽媽們應該多讓孩子們體驗生活中的酸甜苦辣，讓他們知道幸福生活不是別人給的，而是要靠自己爭取的，多經歷挫折和失敗絕不是件壞事情。

如果媽媽們總是過分害怕自己的孩子吃苦，就會讓孩子們掉進妳們的「害怕」中，妳們的害怕讓他們覺得所有的事情都太難做了，沒有了媽媽自己什麼都做不了，進而在不知不覺中對父母形成一種依賴心理。這種依賴心理對孩子來說極其有害，甚至可能會毀掉孩子的一生。

基於此，所有的媽媽們都應該理性地對待「讓孩子吃苦」這件事情。一位媽媽就曾深刻體會地說：「我從來不過分溺愛孩子，我總是讓他做一些力所能及的事情，讓他養成自己的事情自己做的好習慣。從準備要讓他上幼兒園的那天開始，我就不再餵他吃飯，也不幫他穿衣服，而是讓他自己做，無論他做的好壞，我都給予他肯定和鼓勵，這樣才有利於他的成長。」

現在有很多媽媽都捨不得讓孩子吃苦，不但不讓孩子做困難的事情，甚至連擦桌子、掃地這種小事情都捨不得讓孩子做，寧可讓孩子看電視、玩遊戲。這種做法讓孩子們往往不會珍惜媽媽們的勞動成果，覺得媽媽為自己做什麼事情都是理所當然的。聰明的媽媽懂得讓孩子吃點小苦頭的道理，並且會使用獨特的方式讓孩子明白他們應該經歷生活中的點點滴滴。

王麗有個上國小二年級的兒子，七八歲正是最調皮搗蛋的年齡，她兒子在調皮這方面似乎比別的小孩子更勝一籌，每天都有使不完的新招數。

一個星期天，王麗用了一個上午把家裡收拾的乾乾淨淨，還把玻璃窗擦了一遍。快到中午時，王麗累得不行了，她準備休息一刻鐘再做午飯。這一休息不要緊，她不由自主地睡著了，過了好長時間才醒了過來。

當她走出臥室來到客廳時，眼前的這一幕快把她氣瘋了：客廳的地板上到處擺著兒子的玩具，剛擦乾淨的玻璃窗上寫滿了白色的字體，家具上也都是。再看兒子，手裡拿著一管噴霧劑還在玻璃窗上繼續寫字。

王麗對自己的小疏忽後悔莫及，那管噴霧是耶誕節時用剩下的，剛才收拾時扔到了垃圾桶裡，可是垃圾沒有扔出去，現在一上午的辛苦算是白費了。

這時候出去辦事的丈夫回來了，他看見屋子裡一片狼籍，立刻明白是兒子又搗亂了。他一把搶過兒子手裡的噴霧，準備好好地教訓他一頓。

兒子知道爸爸又要教訓自己了，連忙求饒道：「我不是故意搗亂的，我只是看見垃圾桶裡有這個就拿出來看了看。」

丈夫一聽更生氣了：「我看你就是故意的，你說說你哪天不搗亂？你每天都在不停地搗亂。」

看著爸爸發威，兒子不但不害怕還笑嘻嘻地說：「搗亂怎麼啦！」

丈夫一看這孩子越來越不聽話了，就走到兒子身邊想抬手打他，沒想到兒子「哇」地一聲哭了起來。

王麗見兒子哭了，就上前阻止丈夫說：「你剛回來，還是先去換衣服吧！我來說他。」

王麗把兒子拉到身邊說道：「媽媽相信你不是故意的！」

兒子委屈地看著媽媽，點了點頭。

「可是，哎呦……」王麗扶著自己的腰坐在了地上。

兒子趕忙問道：「媽媽，妳怎麼啦？」

「媽媽做了一上午的家務，太累了，腰疼。你想呀，屋子這麼大，媽媽一個人收拾，也沒人幫我，我多累呀！」

兒子一邊給媽媽揉腰，一邊問道：「真有那麼累嗎？」

「那當然啦！要是有人幫我就好了，我就不用這麼辛苦了！你看看現在，屋子又亂了，媽媽還得收拾，看來我要累死了！」

「那我來收拾吧！」兒子說。

王麗心想，自己的方法奏效了，心裡美美地坐在沙發上看著孩子收拾。

從那以後，兒子就不像以前那麼調皮搗蛋了，還經常幫媽媽做家務事。

媽媽們怕孩子吃苦，不讓孩子做家務事，這樣就會讓孩子養成不愛勞動的習慣。小時候養成這種習慣，長大了就會養成好吃懶做的壞毛病。所以說，媽媽們千萬不要小看勞動這件事情，一個人愛不愛勞動對他的一生都有很大的影響。事實證明，凡是那些有大作為的成功者，都是從小就養成做家務事、愛勞動的好習慣。凡是那些從小不愛勞動的人，長大後就會好吃懶做，眼高手低，覺得做什麼工作都辛苦，總是渴望坐享其成，這種人往往一無是處。

媽媽們既然想讓自己的孩子將來有大作為，就不應該害怕讓自己的孩子吃苦。成功的道路不是一帆風順的，總是佈滿荊棘，害怕挫折和失敗的人永遠都不可能有出息。而且所有的成功都是靠個人自身的努力獲得的，只想收穫不想付出的人同樣不能品嚐到勝利的果實。如果媽媽們不在孩子小的時候讓他養成一種自己的事情自己做的好習慣，過分溺愛孩子，當孩子長大時他們就會經不起任何的風吹雨打，一點點小的挫折和失敗就有可能把他們擊垮。

心理學家馬斯諾曾說過，挫折未必總是壞的，關鍵在於對挫折的態度。在孩子小的時候

讓他們吃點苦，經歷一下挫折，這樣有利於培養他們獨立自主的意識和堅忍不拔的品格。

為了讓孩子健康的成長，為了讓他們長大後能夠立足於社會，也為了讓他們成為有用的人才並成就偉大的事業，媽媽們要拋棄害怕孩子吃苦的想法。小時候吃小苦，長大後就能避免吃大苦。幫助孩子養成勤勞、不怕挫折和失敗的習慣才是媽媽們真正應該做的。

【媽媽先知道】

很多媽媽們都不想讓自己的孩子吃苦，為此她們為了給孩子最好的生活，盡量滿足孩子們所有的要求，不讓孩子做任何家務事。媽媽們以為這就是她們愛孩子的最好方式，卻沒意識到這樣會使孩子們養成好吃懶做的壞習慣，這種所謂的愛其實是在害孩子們。

第七節

不要做孩子隱私的「窺視者」

媽媽心態：偷看孩子的日記、信件，干涉孩子的交友自由。

孩子狀態：完全沒有屬於自己的個人世界。

所有的人都有自己的隱私，孩子也有，隨著孩子年齡的不斷增長，他們心中的小秘密就會越來越多，而且他們不再像小時候那樣事事都告訴媽媽們，這是非常正常的現象。可是媽媽們出於對孩子的關心，總是利用各種招數打探孩子內心的想法。媽媽如果使用了不得當的方式，不但解決不了問題還會把事情搞得更糟，孩子就會離媽媽越來越遠。

隱私權是自然人享有個人生活、自由和資訊秘密不受他人非法干涉、獲知、收集、打探、利用或者公開的人格權。公民的隱私權是受到法律保護的，這裡的「公民」是指全體公民，沒有性別、年齡、職業等等的區分。尊重公民的隱私是社會文明進步的象徵，這就需要每個人從自身做起，不要隨意打探他人的隱私。

所有的人都有自己的隱私，孩子也有，隨著孩子年齡的不斷增長，他們心中的小秘密就會越來越多，而且他們不再像小時候那樣，事事都告訴媽媽們，這是非常正常的現象。尤其是處在青春期的孩子們，他們往往把自己的內心世界隱藏起來，不願意與父母分享，也很反感父母打探自己的隱私，可是媽媽們出於對孩子的關心，總是利用各種招數打探孩子內心的想法。這就使媽媽和孩子之間產生了矛盾，孩子越是隱藏，媽媽就越想知道孩子究竟在想什麼，在這個時候媽媽如果使用了不得當的方式，不但解決不了問題還會把事情搞得更糟，孩子就會離媽媽越來越遠。在生活中存在很多媽媽不尊重孩子隱私的例子，比如下面的這個例子：

娜娜的媽媽最近總是接到奇怪的電話，這些電話都是接起來卻沒人講話。有一天，她又接到這樣的電話，娜娜的媽媽生氣地說：「你到底找誰呀？打了電話又不說話，再這樣我報警了。」這時對方說話了：「請問娜娜在嗎？」是一個男孩子的聲音。娜娜的媽媽眉頭緊鎖，語氣嚴厲地說：「她不在，妳是誰呀？找她有什麼事兒？」可是對方迅速地把電話掛斷了。媽媽心想，娜娜今年十四歲，正處在青春發育期，生理特徵開始凸顯，再加上娜娜長相甜美，莫非是孩子開始談戀愛了？

媽媽開始警惕起來，不時地觀察孩子的舉動，後來媽媽發現娜娜有寫日記的習慣，為了知道孩子在想什麼，她就送給娜娜一個帶鎖的日記本。但是娜娜的媽媽沒有把鑰匙全部交給女兒，而是自己留了一把。每當娜娜去上學的時候，媽媽都來到女兒的房間，找到那個日記本，偷看女兒的日記。幾天下來，娜娜的媽媽沒發現任何端倪，她決定繼續偷看女兒的日記。這天，娜娜的媽媽下班回家後又來到女兒的房間偷看日記，不料被提前放學的女兒撞了個正著。娜娜傷心極了，一邊哭一邊說媽媽是小偷，這下可把娜娜媽媽氣壞了，狠狠地打了孩子一頓，媽媽說：「我這樣做還不是為妳好，怕妳學壞，妳這麼沒禮貌，還說媽媽是小偷，妳這樣做對嗎？」

從那天起，娜娜就變得少言寡語，和媽媽的關係在一夜之間疏遠了很多，她也不再寫日記了，她覺得世界上沒什麼人值得自己信任了，因為連和自己最親的媽媽都背叛了她。

每個人心中都有不想讓別人知道的心事，如果一個人把自己所有的隱私全部暴露在眾人面前，那麼他就不能成為一個真正意義上獨立個體的人。成年人最討厭別人打探自己的私事，孩子雖然年紀小，但是他們也是有思想的人，他們的隱私權同樣應該受到保護。一個人的隱私受到了侵犯就如同自己的尊嚴受到了侵犯，侵犯孩子隱私權的主體往往是家長和老師，這時他們一定不會選擇透過法律途徑保護自己的利益，這就造成家長和老師卻總是忽視孩子們的尊嚴，無情的窺探孩子的隱私，他們甚至認為小孩子談隱私很可笑。媽媽們千萬不要小看侵犯孩子隱私這件事情，它會給孩子帶來不小的危害。

首先，侵犯孩子的隱私會傷害他們的自尊心。很多孩子做錯事情或者有某些缺點都喜歡隱藏起來，他們不希望他人知道自己的不足，而是想自己默默地改正錯誤。如果媽媽們發現了孩子的這些隱私，並把它們無情地揭露出來，就會深深地傷害到孩子的自尊心，同時也打壓了孩子改正錯誤的自信心。

其次，侵犯孩子的隱私會使孩子產生消極心理。父母是孩子最親近的人，也是孩子心中最值得信賴的人，如果父母不顧孩子的想法，隨心所欲、理直氣壯地窺探孩子的隱私，甚至把這些隱私洩露給他人等等，都會使孩子缺乏安全感。他們會想連爸爸媽媽都不能相信，自己還能相信誰？漸漸地，孩子就會產生消極心理，變得多疑，這不利於孩子的健康成長。

再次，侵犯孩子的隱私會使孩子和父母的關係變得生疏。父母一旦侵犯了孩子的隱私，哪怕只有一次，都會在孩子心中蒙上一層陰影，這層陰影會使孩子與父母之間的距離越來越遠，他們更加不會選擇對父母說出自己的心裡話。父母本來是想透過偷看孩子日記或者信件的方式來瞭解孩子的內心想法，沒想到這樣做反倒把孩子從自己身邊推得更遠。

最後，侵犯孩子的隱私會影響孩子的性格發展。有很多性格內向的孩子不願意把自己所有的想法告訴父母，即使是性格開朗的孩子也有不想與被人分享的秘密，他們更願意以寫日記、寫信件等方式宣洩自己的情緒。也許這些方式是孩子唯一表達真正自我的途徑，如果父母偷看孩子的日記、信件等就等於封死了孩子的最後退路，孩子還會表露自己的真性情嗎？慢慢地，他們的性格就會變得孤僻，不願意與人交談，有些孩子還會患上自閉症，這種結果一定是父母不願意看到的，那麼爸爸媽媽們又何必剝奪孩子唯一的宣洩方式呢？

很多父母都有這樣的想法：「我是孩子的家長，我有權利知道孩子的一切事情！」俗話說「己所不欲勿施於人」，大人們不會把自己的所有秘密公諸於眾，並且討厭別人侵犯自己的隱私，那麼家長們就沒有權利強迫孩子在自己面前沒有秘密，更沒有權利使用某些不正當的手段窺視孩子的隱私。在大多數家庭中，媽媽們扮演了教育孩子的主要角色，所以妳們必須清楚的認識到侵犯孩子隱私權的嚴重性，侵犯孩子的隱私權，也就是侵犯孩子的人格。媽媽們應該盡量多地給孩子一些屬於自己的自由空間，讓孩子擁有屬於自己的小世界，這樣孩子才能健康快樂的成長。

媽媽們如果發現孩子有某些異常的變化，應該使用正確的、積極的方式瞭解孩子的想法，比如和孩子像朋友一樣坦誠的交談，站在孩子的立場上想問題。生活中難免遇到一些不可避免的敏感話題，這時候媽媽們應該怎麼做呢？最錯誤的方式就是逃避話題，批評或者嘲笑孩子。媽媽們應該鼓勵孩子說出自己的想法，並且做出正確的引導，給孩子一種可以信任自己的感覺，讓他們覺得媽媽和自己是朋友，這樣孩子才會向妳們吐露心聲，媽媽們才能即時的瞭解孩子的心理動態。媽媽們不是不能瞭解孩子的想法，而是應該講究方式方法，來看看下面的幾個例子：

例子一：王女士有一個十三歲的女兒，在上國中。有一天女兒回到家中有些心不在焉，她好像是想對媽媽說些什麼，但是總是欲言又止。王女士斷定女兒有事情，就對女兒說：

「孩子，妳今天是不是有不高興的事情，跟媽媽說說，媽媽幫妳分析分析！」女兒支支吾吾地說出事情的原委，原來是班裡有一位男同學在追求女兒，還給女兒送了情書。王女士聽完先是一愣，隨後便恢復了冷靜，她非常自然地對女兒說：「噢，原來是這樣呀！有這種事情是正常的，媽媽也經歷過。但是女孩不能光靠外表，要有良好的修養，修養只有靠知識的累積才能獲得。所以妳應該好好學習，將來成為更有魅力的女孩，追求者會更多！」女兒不好意思地笑了笑。後來女兒經常和王女士像朋友一樣談心，每一次王女士都從女兒的角度想問題，替女兒排憂解難，從來沒有毫無理由地責備女兒。

例子二：李先生的兒子從小活潑開朗，特別喜歡和別人說話，可是李先生發現隨著年齡的增長，兒子不像以前那麼愛和別人說話了，和父母的話也變得很少了。妻子也覺得納悶，擔心孩子是不是有什麼事情瞞著他們。

李先生和妻子商量要和兒子好好的談一談，找出孩子不愛說話的原因。經過和兒子的一番懇談，李先生對兒子有了新的瞭解。兒子是這樣說的：「我覺得男孩子要沉穩些，不應該每天嘰嘰喳喳的，我也有秘密、有想法，不一定非得告訴爸爸媽媽。」李先生感覺到孩子長大了，他們應該給兒子一個屬於自己的空間。

第二天，李先生為孩子買了一個精緻的日記本，他對兒子說：「爸爸知道你需要自己的空間，你如果有什麼不想和父母說的話，就寫在日記本上吧！我和你媽媽不會偷看的，你放心。不過你要記住，遇到自己解決不了的事情一定要和父母說，我們一定會幫助你，給你一些有用的建議。」兒子高興地點了點頭，收下了日記本。從此兒子有不想和父母分享的秘密就記在日記本裡，李先生和妻子也按照約定從不偷看孩子的日記，兒子有了難事也會和他們商量，他們之間就像朋友一樣。

這樣看來，透過和孩子成為真正的朋友，來瞭解孩子內心世界的做法遠比侵犯孩子隱私來的高明，媽媽們應該向以上案例中的主角學習，用正確的方式瞭解和引導孩子。

在生活中，媽媽們除了喜歡侵犯孩子的隱私外，還喜歡干涉孩子的交友自由，這個毛病也應該改掉。現在有很多孩子一到節日或假日就躲在家裡玩電腦遊戲或者看電視劇，很少和朋友在一起，本來與別人交往的機會就不多，如果父母又在中間橫加阻攔，孩子就更沒機會與朋友相處，這樣不利於培養孩子的社交能力，長大後是會吃虧的。

有些媽媽擔心孩子交友不慎會學壞，總是過度地干涉孩子的人際交往，導致孩子總要向媽媽們彙報自己朋友的詳細情況。可是媽媽們應該明白妳幫了孩子一時卻幫不了他一世，難道等他長大後妳還要幫他挑選朋友嗎？媽媽們應該從正面引導孩子，告訴孩子應該結交什麼樣的朋友，讓孩子自己去判斷，鍛鍊孩子的分辨能力，而不是過多地干涉孩子的交友自由。

另外，孩子也有交朋友的權利，這種權利是媽媽們不應該剝奪的。

【媽媽先知道】

媽媽們千萬不要小看侵犯孩子隱私這件事情，它會給孩子帶來很大的危害。應該鼓勵孩子說出自己的想法，並且做出正確的引導，給孩子一種可以信任自己的感覺，讓他們覺得媽媽和自己是朋友，這樣孩子才會向妳們吐露心聲，媽媽們才能即時的瞭解孩子的心理動態。

2

打造母子的「彩虹之橋」，讓孩子向妳完全打開心扉

第一節

孩子是獨立的個體，交流的基礎應該是平等的

媽媽心態：你要聽媽媽的，這沒什麼可商量的。

孩子狀態：總是被命令，傷害了孩子的尊嚴與自信。

父母應從與孩子的言談中結合家庭情況，引導他。父母的耳朵永遠俯在孩子的心靈上，他們的智慧火花應該永遠照耀著孩子前進之路。

每個小孩子都是一個獨立的個體，都希望「做自己的主人」，受到別人的尊重。很多媽媽抱怨無法和自己的孩子建立有效的溝通與交流，其實媽媽們往往忽視掉，有效交流的前提是母子之間的平等。如果媽媽們依然抱著一副我是媽媽我說的算的態度與孩子交流，試想一下，會有效嗎？

早上，五歲的邁克正在費力地穿著一件媽媽昨天特意為他買的小毛衣。可是邁克搞不清

楚毛衣的正反面，使得穿衣成了一件讓人頭痛的工作。

「邁克，穿好了沒有，要不要我幫你。」媽媽焦急地喊道。

「我要自己穿！」過了一會兒，媽媽不耐煩了。她必須在九點以前趕去上班，在這之前，她還要送邁克去幼兒園。

「我幫你穿。」媽媽伸手要幫他穿。

「我不要妳幫！我要自己來。」邁克搖晃著身體大叫。

「別再耍脾氣了，媽媽上班時間快到了。快過來，媽媽給你穿。」媽媽看著手錶，焦急地說道。

「不，我不用妳幫。」邁克往床邊使勁後退了一步。

這次，媽媽真的生氣了，她一把將邁克拉了過來，「你真是在浪費我的時間！」媽媽邊說邊強行從邁克手中奪過毛衣，而邁克則試圖掙脫媽媽的拉扯，他拒絕媽媽將毛衣套進他的小腦袋。

邁克的媽媽雖然是出於好心，而且實際情況也要求邁克必須快點穿好毛衣，但她沒有考慮到尊重孩子的意願，而是把自己對事物的判斷強加給了孩子，致使邁克在穿衣服這類小問題上反抗媽媽。在這個時候，媽媽與孩子的位置便有了傾斜，媽媽過分看重了自己的權利而忽視了孩子的權利。在這種情況，媽媽與孩子之間很難建立起有效的交流，孩子自然不願意

聽媽媽的話。

大家常常可以看到這種現象：當媽媽們認為應該出去散步了，即使這時孩子正在高興地玩耍，也並不顧及孩子的感受，打斷他的活動，把孩子打扮一番就帶他出去了；孩子正在做一件事情，例如把泥土裝到桶裡去，這時媽媽的一位朋友前來拜訪，於是媽媽要求孩子立即把散亂一地的泥土收拾乾淨，然後孩子被帶到客廳見客人。

父母不斷地突然闖進孩子的活動中，並且不容商量地就操縱他們的生活，這就是對孩子的不尊重。得不到媽媽尊重的孩子，會覺得自己軟弱無能，這種感覺經過長期的累積，逐漸變得沮喪和缺乏信心，進而壓抑了孩子主動行動的慾望。所以，在與媽媽的交流中得不到尊重，導致後果必然是孩子不喜歡聽媽媽的話。

因此，媽媽與孩子進行有效的溝通，讓孩子傾訴對某件事情的看法，並與孩子就此事進行探討，是尊重孩子最實用的辦法。

媽媽只有從生活中的小事做起，才能最終贏得母子相互尊重、有效交流的結果。

不知為什麼，琳琳總是喜歡和鄰居阿姨在一起聊天，心裡話也總是願意跟她講，而不願意和自己的媽媽講，媽媽對此有些生氣和困惑。

「琳琳，妳怎麼總往阿姨家跑呢？」媽媽不滿地問。

「因為阿姨和我是好朋友，她和我說話時總是喜歡蹲著的，我喜歡她這樣對待我。」琳琳回答道。

媽媽這才搞清楚其中的原因：「妳是不是覺得在和阿姨說話的時候，妳和她是一樣高啊？」

「當然了，媽媽整天上班不在家，晚上回來還總是板著臉，太嚴肅，我怕媽媽。」

媽媽終於找到了孩子不願與自己交流的原因，從此以後，媽媽努力改正。每當和琳琳說話的時候，總是耐心地聽孩子講，並蹲下身子，輕輕地撫摸著孩子的小腦袋瓜。同時用溫柔的眼神注視著琳琳，用心找一些和孩子有關的話題與琳琳溝通，還總是徵求琳琳的意見呢。漸漸地，孩子覺得自己在媽媽前面是一個小大人，十分開心。

就這樣，孩子接受了媽媽，許多心裡話也願意和媽媽講了。媽媽笑了，孩子也笑了。

平等和尊重是相互的。如果媽媽不尊重孩子，媽媽就不能得到孩子的尊重。只有從小把孩子當成一個獨立的個體，媽媽才會去尊重孩子。最好的做法是：媽媽要學會傾聽孩子對一件事情的看法，並針對孩子對這件事情的看法進行充分的探討。

通常情況下，孩子們並不理睬媽媽的告誡，因為孩子覺得自己的意見媽媽也不肯聽，所以在潛意識中產生一種不自覺的反抗。媽媽在匆匆給予孩子告誡的時候，並不願意聽取孩子的解釋。一旦孩子認為媽媽根本不聽自己的意見，他也就不再接受媽媽的意見。

許多媽媽在孩子面前總是表現出一副高高在上，絕對權威的樣子，以維護家長的尊嚴。

這不僅拉開了媽媽與孩子心靈之間的距離，使得媽媽不能即時瞭解孩子的心理變化，孩子也無法從媽媽那裡更多地學到知識，得到資訊。

每個媽媽都希望把自己的觀點準確地傳達給孩子，但是大多數媽媽又不知如何做到。於是一些媽媽變得專橫嚴厲，唯恐孩子不聽話，很少聽孩子的解釋，管得分外嚴格。結果，家裡人人都不高興，再好的勸告也無法得到孩子的回饋。

母子之間的交流不應該處於這種敵對的狀態。媽媽首先要讓孩子表達他自己對事情的觀點，即便這些觀點剛好與自己的相左。如果孩子提出一個顯然無理的要求，也不要立刻給予駁斥。相反，媽媽應當試著讓孩子說說自己的理由，這樣孩子會感到媽媽肯於傾聽，即使最終會駁回他的請求，孩子也不會過於失落。事實上，平等的交流會讓孩子發自內心地願意與媽媽進行溝通。

媽媽在解答孩子的疑問時，也應多花些時間，特別是那些讓自己生氣的問題。先考慮一下自己的答覆，計畫好自己的勸告或指教該怎樣說，不要忙於批評或者責備，因為孩子會更願意傾聽妳的理性分析，而不是與妳爭吵。

一些媽媽或許會擔心，假如允許孩子表達自己的不同意見，孩子就不會聽話了。可是媽媽們應該懂得，讓孩子說話並不會影響妳做出的決定。相反，創造一種互相尊重、平等輕鬆的交流氣氛，孩子會更容易接納妳的意見。

在孩子未來的成長道路中，他會遇到各種具有不同觀點和想法的人。給妳的孩子示範良好的溝通技巧，會幫助他在今後與他人更好地交流、合作。

【媽媽先知道】

「高高在上」的媽媽在孩子的面前就像是遙不可及的「神」一樣，但是，孩子還沒有學會對「神」的敬仰，心中就不自覺地與之產生了很大的距離。所以，媽媽要努力做到平等地對待孩子，放下「媽媽的架子」，丟掉那種居高臨下與孩子交流的姿態，蹲下身子以平等的態度對待自己的孩子。

第二節

孩子的心聲是傾聽出來的，讓孩子把話說完

媽媽心態：孩子怎麼可以與大人爭辯？

孩子狀態：反正她也不想聽我說，關上與媽媽溝通的大門。

多聽聽孩子的心聲，掌握孩子的內心變化，不但可以增進媽媽與孩子之間的感情，也可以使孩子明白：無論遇到什麼事情，媽媽都會永遠支援和體諒他的。

在孩子成長的過程中，總會有這樣或者那樣的煩惱與不解，最親近的媽媽可以說是孩子首選的傾訴對象。可是很多媽媽卻十分苦惱孩子什麼事情都瞞著她，總是把自己的秘密藏在心裡卻不講給自己聽。孩子戀愛了，孩子被人欺負了……當問題發生的時候，受到隱瞞的往往是最愛他的媽媽。為什麼會出現這樣的情況，孩子們為什麼不信任最愛他的媽媽呢？這與媽媽和孩子的交流方式有很大的關係。

媽媽應該學會傾聽孩子的心聲，不要輕易否定自己的孩子，這樣容易挫傷孩子的積極

性。如果妳想深入瞭解自己的孩子，就必須先學會傾聽。如果只是不斷的責備，孩子就會失去表達的興趣，養成沉默不語的習慣。把自己的意志粗暴地強加在孩子的身上，弄出許多框框來約束孩子，這是太多媽媽的教育方式。

她們誤以為只要這樣做，就可以讓孩子按照她們的意願成長，但這恰恰錯了。得不到傾訴的孩子會把自己藏得很深，而爆發的就更厲害。孩子有什麼心事都不敢或者不願和媽媽講，有什麼開心的或者不開心的事情也不願意媽媽知道，或者事事和媽媽作對，這不能不說是媽媽教子的一種失敗。

一天，貝克放學回家，一進門就大喊：「我不想去學校，我討厭我的老師！」

如果是平時，聽到兒子這麼說，媽媽肯定會大聲訓斥他。但是這一次由於她聲帶發炎，不能說話，沒辦法那樣做，只能默默地聽孩子在那裡不停地發牢騷。

貝克在媽媽身邊十分生氣地說：「媽媽，老師真討厭，從不給學生留一點面子。今天上課她讓我們寫一篇作文，我只是寫錯了一個字，她就當著全班同學的面批評我，惹得大家都笑我，讓我很難堪，真是氣死我了！」

媽媽輕輕地撫摸著兒子的頭，默默地注視著他，認真地聽兒子不停地說著。貝克發完牢騷，沉默了幾分鐘，從媽媽懷裡站了起來，對著媽媽說：「我要出去玩了，夥伴們還在等我呢！」

從兒子釋然的表情上，媽媽明白到，孩子在這個時候並不需要媽媽的教訓與忠告，他受了委屈，只需要有個人傾聽他訴說，這樣心裡就會好受些。

媽媽的傾聽給了貝克一個傾訴的機會，進而使孩子能夠向媽媽吐露內心的煩惱。當孩子有話要對媽媽說的時候，他最喜歡的是媽媽靜靜的傾聽。因此，在這個時候，媽媽不管多麼忙，也不要對自己的孩子說：「我現在沒有時間，過會再說好嗎？」

傾聽孩子訴說，有時候並不需要媽媽說些什麼，妳只要做一個傾聽者，認真地聽孩子把話講完，孩子就會很滿足。因此，媽媽給予孩子的充分關注、尊重和時間，是對孩子成長最大的幫助。

做為一個出色的媽媽，與孩子交流的時候要盡量做到和顏悅色，千萬不要用命令的方式與孩子交流。不要總是站在成人的立場上，用成人的思維方式去為孩子分析問題。透過有效的傾聽，妳要讓孩子自己去試著解決問題，這樣會使他們不怯於親身體驗。

用瞭解、傾聽的態度與孩子談話，讓孩子感受到妳尊重他的獨立性。

希爾在十歲生日的時候，收到了外婆送給他的一份珍貴的禮物——一隻可愛的小兔子。他非常喜歡這個禮物，可是剛養了一個多月，小兔子就死了，希爾的心裡非常難過，跑到媽媽面前，傷心的對媽媽說：「媽媽，我的小兔子死了。」

「兒子，好可惜，你那麼愛它，一定非常難過，我能理解你的心情。」媽媽也感到十分惋惜。

小希爾趴在媽媽的身上，哭著說：「媽媽，我不懂，小兔子為什麼要死呢？我餵牠吃，餵牠喝，還經常陪牠玩，難道我對牠不好嗎？牠是不是不喜歡我這位朋友呀？」

「你待牠那麼好，牠卻丟下你這個好朋友自己走了，真是讓人難過啊！」

希爾的媽媽主動傾聽兒子的哭訴，而且對兒子的遭遇表示同情，讓希爾難過的心情得到了一定的平復。

認真傾聽孩子的心聲，瞭解孩子的感受，不但可以增進媽媽與孩子之間的溝通，還可以讓孩子明白：無論自己遇到任何煩惱，回到家裡都會得到媽媽的支援和體諒。這會增強孩子的安全感，使孩子願意主動地與媽媽交流。

做為媽媽，每天在孩子入睡前，盡量留一段時間聽孩子講述今天發生了哪些事情，時間長了，孩子自然就會對事情做出評價，哪些事情做得好，哪些事情做得不好。在敘述事件的過程中，孩子會逐漸習慣反省自身的對錯，而媽媽也會對孩子的個性、待人處事有清楚的瞭解。

媽媽總是希望孩子對自己敞開心扉，希望孩子有什麼事都跟自己商量，徵求自己的意見。但媽媽應該首先營造用心傾聽孩子說話的氛圍，贏得孩子的信任，才能與孩子無拘無束

的交流。

同時，媽媽更要學會傾聽的技巧：

首先要知道一點：孩子是和妳一樣平等的人。朋友般的平等與尊重，是傾聽的前提。雖然從血緣上，妳是孩子的媽媽，但是從孩子降生的那一刻起，他就是一個獨立的人了。所以媽媽不能用簡單的方式解決、決定孩子的一切。否則孩子就會疏遠妳，他的心靈將會拒絕與妳溝通。

其次，好媽媽要試著在生活中和孩子保持一種對等的關係，努力去做個擅長傾聽的朋友。不要擔心這樣妳會失去尊嚴，它不僅讓妳獲得孩子的愛和信任，還會讓妳更瞭解孩子。

【媽媽先知道】

「傾聽」是一種優秀的教育方式，因為傾聽對孩子來說是媽媽表示尊重，表達關心的途徑。它可以促使孩子去進一步認識自己和自己的能力。如果媽媽能讓孩子透過傾聽，感到他能自由地對任何事情發表自己的意見，而他的見解又沒有受到媽媽的輕視和奚落，慢慢地就會促使他毫不遲疑、無所顧忌地發表自己的意見。孩子先是在家裡與媽媽，然後在學校與老師同學，將來就可以在工作、社會中自信勇敢地正視和處理面對的各種問題。

第三節

你真的做到「知子莫若母」了嗎？

媽媽心態：我的孩子我怎能不瞭解呢！

孩子狀態：每天被強迫做不喜歡做的事，最後一無所成。

興趣對於任何一個孩子來說都是一種額外的喜好，只是大多數媽媽總是不自覺地把興趣和孩子的前途緊緊地聯繫在一起。本來，興趣是一件非常輕鬆的事情，但因為在簡單的興趣上寄託了太多的「希望」，反而使得孩子無法快樂、輕鬆的掌握自己的興趣，而被媽媽的各種安排所左右。因為，不是發自內心的熱愛，那麼這個經過加工的興趣也就失去了原本的意義。

俗話說，知子莫若母。為了讓自己的孩子健康成長，將來有所作為，在孩子很小的時候，媽媽就要瞭解孩子的興趣以及愛好，給予孩子正確的引導。如果枉費心機讓孩子去學習他們不感興趣的東西，如同要把果凍釘在牆上一樣，幾乎不可能，只會給孩子本應快樂的童

年增添苦惱。

現在，許多望子成龍的媽媽動輒給孩子報名鋼琴班、舞蹈班，無論自己的孩子是否對鋼琴、舞蹈感興趣，都給孩子報名。孩子寶貴的成長時間用在自己根本不感興趣的能力培養上，時間一天一天的過去，而孩子卻依然沒有入門。最後，孩子的潛能沒有得到發揮，一事無成。

如果妳打算讓孩子學游泳，就要先帶孩子看幾次游泳比賽；希望孩子學畫畫，就要先帶孩子看幾次畫展；如果要讓孩子未來成為出色的鋼琴家，就應先帶孩子去聽聽音樂會，仔細觀察孩子是否對這方面感興趣。如果孩子明明沒有這方面的興趣愛好，媽媽卻要強迫孩子去學習，這樣做不但與孩子的興趣南轅北轍，而且耽誤了孩子成長的寶貴時光。

興趣對於任何一個孩子來說都是一種額外的喜好，只是大多數媽媽總是不自覺地把興趣和孩子的前途緊緊地聯繫在了一起。本來，興趣是一件非常輕鬆的事情，卻因為在簡單的興趣上寄託了太多無謂的「負擔」，使得孩子無法快樂、輕鬆地掌握自己的興趣，而被媽媽的各種安排所左右。不是發自內心的熱愛，這個經過加工的興趣自然也就失去了原本的意義。

許多媽媽錯誤地認為，自己又不是什麼專家，怎麼可能發現孩子具有什麼樣的才能呢。其實，許多真正有才能的人，都是在媽媽的悉心培養下成長的。即使，妳的孩子沒有成為佼佼者的天賦，如果堅持接受訓練，依然會學到一定程度的專門知識和技術，長大成人後也是一種樂趣。

興趣是走向成功最好的導師，孩子容易對身邊的事物產生好奇、發生濃厚的興趣，而這種興趣很有可能是他終生成就的泉源。興趣是孩子對某種事物進行進一步探索的慾望，只要有了探索的慾望，孩子就會從內心的深處去接受和認可喜歡的事物，才會樂此不疲。

晚飯的時候，媽媽問了國小一年級的晨晨：「我聽說妳們學校不少人都報名了才藝班，妳自己是怎麼考慮的？」

「我，我還沒有想好。」晨晨遲疑地回答。

「那妳們學校都有什麼才藝班呢？」一旁的爸爸開口問。

晨晨把一張紙遞給爸爸，「這上面有。」

爸爸接過紙和媽媽一起看，兩個人一邊看一邊商量。晨晨不知道會有怎麼樣的決定，有些忐忑不安。

「這樣吧，我和妳爸爸商量了，妳就報名美術班吧。」

「美術？」晨晨皺起眉，「可是，我不喜歡畫畫啊。」

「不喜歡不要緊，興趣是可以培養的，媽媽上學的時候就很擅長畫畫，妳也沒有問題的。」

晨晨低下頭，非常不情願地說：「可是我真的對美術沒有興趣。」

「妳對什麼有興趣啊？」媽媽厲聲說。

面對媽媽的質問，晨晨不再說話了。

「既然妳自己都不知道對什麼有興趣，就聽媽媽的話去報名美術班吧。學校教不好的話，我們就在校外給妳找更好的才藝班教妳。」爸爸說。

「妳爸說得對，這件事就這麼定了！」

爸爸媽媽的決定讓晨晨沒有反駁的餘地，她只好心有不甘地接受了他們的強迫。晨晨每天勉勉強強去才藝班學習，但對美術卻從來提不起興趣來。

興趣對孩子的成長有著幫助、推動和促進的作用，如果孩子對某件事物有了強烈的興趣，他就會展開豐富的聯想，全神貫注地去接觸它、探求它，會熱情地投入這項活動中，最大限度地發揮自己的潛能，出色地完成它。如果一味強迫孩子，則毫無益處。上面晨晨的故事，就說明了這一點。

所以，媽媽們不應該限制孩子的興趣，干涉孩子興趣的發展，不要自作主張為孩子的興趣過早定向。孩子的興趣不是先天就有的，它受到家庭和周圍環境的影響。因此，孩子興趣的培養是一個逐步發展的過程。媽媽們最好讓孩子自主地尋找自己的興趣，並給予支持。

「樂樂，妳最近是不是沒有去書法班上課？」

面對媽媽的質問，樂樂低下頭說：「是，我沒有去上課。」

媽媽嚴肅地問：「為什麼？」

「媽媽，要是我說了妳不要生氣，可不可以？」

「當然可以，只要妳的理由是正當的。」媽媽認真的說。

樂樂猶豫了一下說：「是這樣的，有一次我路過油畫班，我覺得特別有意思就旁聽了一節課，從此我就喜歡上油畫了。其實，我對書法興趣不大了。」

「原來是這樣的，那妳為什麼不告訴媽媽呢？」媽媽的語氣緩和了一些。

「我不敢說，因為我怕媽媽責備我。」

媽媽笑了：「傻孩子，興趣是由妳自己決定的，當初學書法是因為妳喜歡，現在要是妳喜歡學油畫，那就報名油畫班。」

「媽媽，那我可以學油畫了？」

「可以，只要妳告訴媽媽，這是不是妳自己的決定。」

樂樂急忙點頭說：「是我自己的決定。」

「既然是妳的決定就好，妳不要擔心。媽媽只是擔心妳學什麼都三心二意，因為興趣首先是要妳自己真正喜歡才可以培養的。」

生活需要興趣所激發的創造性火花，而孩子需要興趣邁出成功的第一步。如果妳的孩子熱愛電腦程式編輯，他可以努力成為下一個比爾．蓋茲；如果妳的孩子喜歡游泳，他可以立志成為索普；如果妳的孩子從小就對金錢敏感，他可以學習理財，成為像猶太商人一樣精明的企業家。媽媽們在給自己的孩子制訂人生大目標的時候，要知道孩子的興趣所在，揚長避短，那麼走向成功的機率就會更高。

父母們都願意對孩子進行智力投資，讓孩子成材，可是單靠金錢是遠遠不夠的。媽媽要用心觀察孩子，瞭解孩子，在孩子的自我表現中找到他的潛能所在，並準確、即時地將孩子的興趣與潛能結合起來。媽媽花時間去欣賞孩子的能力與興趣，會給孩子帶來極大的信心和力量。而這種發自內心的興趣會使孩子離成功越來越近。

【媽媽先知道】

興趣是可以培養的，但是培養興趣的前提是孩子喜歡。假如不喜歡，無論怎樣培養都是沒有用的。做為一個好媽媽，要明白興趣是可以「三心二意」、「變來變去」的。只有讓孩子透過不同的體驗，孩子才可能找到自己真正的興趣所在。也許第三次甚至第四次選擇都不一定準確，但是媽媽依然應該給予孩子一個重新選擇興趣的機會。其實，選擇興趣多少次並不重要，重要的是找到真正適合孩子的興趣。

第四節

千萬別擺架子，溝通比什麼都重要

媽媽心態：天天跟孩子說話，還不算溝通嗎？

孩子狀態：媽媽根本不想知道我要的是什麼，何必跟她說呢！

在教育孩子的眾多方法中，最重要的就是溝通。建立良好的母子溝通是媽媽引導孩子健康成長的前提。媽媽要從關心孩子出發，有愛心、有耐心地與孩子多溝通，做孩子的知心朋友。只有這樣，才能使孩子的煩惱得到疏散，使孩子每天都有個好心情，在有益的環境下健康成長。

一個稱職的媽媽應該多創造和孩子溝通的機會。比如在茶餘飯後，牽著自己的孩子一起散步，在散步的過程中，親子之間可以隨意的進行各種交談，或談談歷史，或聊聊新聞，或說說生活中的趣事……這是一種輕鬆並且有效的溝通方式，媽媽可以在交談中引導孩子。

在輕鬆愉快的交談中，媽媽可以瞭解孩子的學習情況，學習中是否遇到困難，以及對問

題的看法和思想動態等。掌握了這些情況後，媽媽就對孩子的教育和幫助盡在運籌帷幄之中，進而使孩子在學習和生活中保持舒暢的心情。很多媽媽在孩子面前總是有意無意地擺出一副大人的架子，她們總是覺得，只有這樣才能在孩子面前樹立起威信，卻不知這樣做也會疏遠媽媽與孩子的距離。對於孩子來說，媽媽本應是最親近的人，如果媽媽刻意擺出一副高高在上的樣子，只會讓孩子產生距離感，不可能和媽媽進行很好的溝通。試問，這種情況下，媽媽又怎能準確的瞭解孩子的心理，幫助孩子成長呢？

小栗原的爸爸對兒子說：「去，幫爸爸倒一杯水來，再把爸爸的拖鞋拿來。」

「爸爸，你就不能好好說話？」兒子邊抱怨，邊把東西拿了過來。

「你還嫌爸爸說話不好？我可是你爸爸！」爸爸不滿地說，「小孩子哪裡來的這麼多的事？」

小栗原反駁道：「爸爸怎麼了？爸爸更應該注意說話的態度。」

「你說說最近的情況，在學校學習怎麼樣？」

「該說的我都跟媽媽說了。」兒子不情願地說。

爸爸立刻叫住兒子：「等等，為什麼只能跟媽媽說，不能跟我說？我可是你爸爸！」

「你太喜歡擺架子了！我不願意和你說。」

「你這話是什麼意思？我怎麼擺架子了？」

「你在家裡，無論是對我還是對媽媽說話的時候總是呼來喝去的，一點都不尊重別人，也不把我們看作是你的家人，動不動就說『我是一家之主』，有做錯的地方也從不肯改正，所以我不願意和你說話。」

「臭小子！敢這樣和你爸爸說話！」兒子的話惹怒了爸爸。

「你看！就是這樣，讓我怎麼和你說話？」說完，兒子頭也不回的進了自己的房間。

毫無疑問，小栗原爸爸的這種態度是不可能與自己的兒子進行有效溝通的。長此下去，或許父子之間的感情會產生更大的危機。這都是因為「架子」惹的禍！其實，好多媽媽也在犯著這樣的錯誤。有的媽媽認為，給孩子過強的壓力是一種沉重的精神負擔，容易引起孩子的心理障礙。有的媽媽則認為，就應該給孩子一些壓力，因為「人無壓力輕飄飄，井無壓力不出油」。越是學習成績好的孩子，就越是一定壓力的結果。考試成績、排名次都是為了刺激孩子的上進心，這些壓力會迫使他們從小樹立起遠大的抱負，向更高的目標前進。可是實際情況怎樣呢？

有些時候給孩子太大的壓力往往會事與願違，而一點壓力也不給孩子又有些放任自流。產生這些情況的原因，就是媽媽沒有很好地與自己的孩子進行有效的溝通。媽媽們不知道孩子喜歡什麼，不喜歡什麼，哪些方面差，哪些方面好，進而導致大多數的媽媽看病亂投醫。

在沒有進行有效溝通的前提下，媽媽不要給孩子制訂一些不切實際的奮鬥目標，也不要

給孩子太多的約束。如果不顧孩子的自身實際情況，只一味地讓孩子向一些遙不可及的目標前進、努力，最後一定會適得其反。

舒克已經上國小了。

一天，老師找到他的媽媽，說舒克最近總是遲到。但是媽媽沒有責備兒子，只是溫柔地問他遲到的原因是什麼。

舒克說他在河邊看日出，看著看著就忘記上課的時間。

第二天，媽媽一早就跟舒克去河邊看了日出。

她說：「真是太美了！兒子，你真棒。」

這一天，舒克沒有遲到。

晚上，媽媽在舒克的書桌旁放了一個漂亮的小鬧鐘，同時還放了一張紙條。紙條上面寫著：因為日出太美了，所以孩子你更要珍惜時間和學習的機會。愛你的媽媽。

媽媽不要因為孩子年齡小，認為孩子什麼都不懂就不告訴孩子一些事。這樣會影響孩子對媽媽的信賴感。如果媽媽真的愛自己的孩子，就該和他坦誠地溝通。透過和孩子的溝通，媽媽可以深切地體會孩子在想什麼，對孩子的健康成長才能做到了然於胸。

孩子是家庭的成員之一，媽媽一定要注意不要把孩子排斥在外。不要總是認為孩子太小，什麼也不懂，就忽略孩子的意見。當然，生活當中一些與孩子沒有關係的事情可以不讓他知道，但是涉及與孩子有關的問題時，要給予孩子表達意見的機會，尤其是做出涉及孩子的某項決定的時候。不管他的年齡大小，他有權知道與自己有關的事情。在這樣的溝通中，自然就營造了良好的家庭氛圍。哪怕孩子處於嬰兒時期，在討論事情的時候，也可以讓孩子在一旁，儘管是個形式，但是也很重要。對於具有一定思維的孩子，就更加不能淡化他在家庭中的地位，盡量讓他參與每一次的溝通環節。

經常有這樣的情況：媽媽不願和孩子溝通心事，認為孩子太小；也有的媽媽覺得自己太忙，沒有時間和孩子多交流。這樣做，只能影響孩子和自己的感情，還會錯失瞭解孩子內心世界的機會，減少孩子對媽媽的關心。冷漠只能換來冷漠，熱心才能換來熱心。可見，和孩子進行積極的溝通，不僅能夠表示對孩子的關心，更重要的是它表達了媽媽對孩子的尊重。媽媽和孩子之間的溝通更重要的是心靈上的溝通，這樣的溝通對教育孩子非常重要。首先，媽媽和孩子經常溝通，家庭成員之間的關係必定會更加和諧和親密。在這樣的氛圍中，教育孩子的環境也得到提升，變成一種更加積極、更加健康的教育。其次，媽媽經常主動的和孩子溝通，對媽媽瞭解孩子的情況，即時有效地進行指導，有針對性對孩子進行教育奠定了基礎。

最後，媽媽透過和孩子的溝通，可以直接地瞭解孩子對事物的看法，幫助孩子樹立正確的人生價值觀，同時避免孩子產生不良的行為。

如果媽媽和孩子之間不能很好地進行溝通，即便掌握再多教育孩子的方法和技巧也是沒

有用武之地的。相反，如果媽媽能在孩子面前不擺架子，融入孩子的生活當中，試著去瞭解孩子的內心世界，那麼和孩子之間的溝通就能很好地進行，很多問題也能得到解決。

孩子有屬於自己的喜怒哀樂，一般來說，他們都喜歡提問，喜歡玩遊戲，喜歡聽故事，喜歡到室外活動。如果媽媽不瞭解孩子的這些童心，總是以一個教育家的姿態出現在孩子面前，根本就無法與孩子進行有效的溝通。當孩子向妳提問過多，妳或許就嫌煩了；孩子喜歡和自己的小夥伴們一起玩，妳卻把他整天關在屋子裡；孩子課餘時間想玩玩遊戲，妳卻狠心地剝奪了他玩耍的權利。妳扮演的是讓孩子做作業、看書，甚至節日也待在家裡學習的「惡媽媽」角色。如果這樣的相處方式不能得到改善，就會在孩子的心靈上烙下「媽媽不親近自己」的烙印。隔閡一旦產生了，再多的溝通也沒有用了。相反，如果媽媽能有一顆童心，注意和孩子在心理上的溝通，就可以對孩子施加影響，進而讓孩子在以後的道路上，邁出更穩定的步子。

【媽媽先知道】

如果媽媽敞開心扉與孩子溝通，那麼孩子也會像關心自己的事情一樣關心媽媽的事情。孩子會從媽媽與自己的親切交流中感受到慈愛，感受到被人認可的幸福。如同找到了一個隨時可以商量任何事情的朋友，對生活充滿樂觀與自信。

第五節

試著和自己的孩子做朋友

媽媽心態：我的孩子當然要聽我的！

孩子狀態：孩子的心漸漸遠離媽媽。

孩子年幼無知，對生活缺乏經驗，沒有能力處理自己的生活，必然需要媽媽的保護。但這並不等於媽媽可以事事為孩子做決定，將自己的想法等同於孩子的想法。因此，媽媽要在適當的時候給孩子一些成長的空間，這樣，孩子才不會疏遠媽媽，更不會覺得自己很失敗。

要鍛鍊孩子對自己生活做決定的能力，為孩子提供一個平等相處的家庭氛圍，就要尊重孩子，同時必須注意和孩子的溝通，試著和孩子以朋友的身分交流。有專家指出：「兩代人之間的溝通多多益善。」可以嘗試用與朋友交流的方式代替命令式的提問。

例如：「孩子，妳覺得什麼樣的裙子穿在自己身上好看？」這樣的形式可以引起互相討論，進而知道孩子的喜好。而不是對孩子說：「今天妳就穿這條小花裙吧。」便終止了和孩

子之間的交流，這樣的做法會令孩子反感。

比如，牛奶打翻了，媽媽就不要過多責備孩子，而是要示意讓他自己擦掉，千萬不要小事化大，甚至對孩子說：「以後這樣的事情不用妳做了。」如果因小事懲戒孩子，就會破壞與孩子的親密關係。

有些家長在家庭教育中漸入困境：為什麼平時事事為孩子決定，到頭來卻沒有好的結果？

有個小女孩，寫了一篇題為《給我為自己做主的機會》的文章，文章這樣敘述道：

今年我已經十一歲了，媽媽卻把我看成是和一歲的嬰兒差不多，什麼都要她為我決定的小孩子。不論在學習上還是在生活上，從不考慮我是否喜歡，她總是將關於我的一切都安排得好好的。我有時說，也許另一種選擇更適合我，媽媽卻說：「媽媽所做的一切都是為了妳好，妳還小，很多事都不懂。」

媽媽總希望看到我漂亮整潔的樣子，她給我買了很多衣服，並且很多都是我不喜歡的藍色。我曾經向媽媽提出建議，媽媽說：「我給妳選的可是現在最流行的，妳只管穿就是了。」我真感到委屈。

我當然知道這是媽媽愛我的表現，可是眼看國小就要畢業了，我自己的事情依舊是媽媽為我做主。什麼時候我才能有自己做主的機會呢？

在很多媽媽看來，現在的孩子已經十分幸福了。他們什麼都不用愁，媽媽什麼都已經做好決定，其他親朋的關懷也無微不至，可以說從物質到精神豐富多彩，唯一剩下的就是一門心思地學習了。

而現實情況並非如此，曾有研究者對國小高年級和國中低年級學生進行了這樣的調查，其中「喜歡和媽媽長時間待在一起」的只有45％；而在回答「心情鬱悶向誰傾訴」時，有60％的孩子選擇「好友或同學」。尤其令人關注的是，家長們最樂此不疲，為孩子的生活中所有一切做決定感到「很幸福」的只有25％。當在回答對家長最大的企盼時，有75％的孩子希望時常能有機會和家長像朋友般平等的「談話」，以加強親子之間的瞭解和情感的溝通。

心理學研究表明，情感是人們的願望是否得到滿足所表現出來的一種情緒。現代的孩子心智發育較快，他們並不滿意媽媽事事為自己做決定的做法，甚至對這樣的關愛反感，他們更加渴望在互相尊重的基礎上，平等地進行情感上的溝通以滿足較高層次的精神需要。

我們生活中經常會看到這樣的場景：媽媽抱著孩子向友人展示，自己春風得意，可是孩子卻不高興，因為他可能並不喜歡這樣的場合，而媽媽卻憑空安排了自己的生活；當媽媽認為飯後應該出去散步的時候，此時不管孩子正在做什麼，都會打斷孩子的活動，一點也不顧及孩子的感受，拉著孩子和自己一塊散步。

這些行為都是媽媽的錯誤心態所致，認為孩子的一切都由自己說了算，關鍵是，媽媽並沒有意識到自己的心態是錯誤的。媽媽有意無意地闖進孩子生活的環境中，安排他們的生活，並且對於他們生活完全忽略了相互溝通的環節，直接進行操縱，這在根本上說，是對孩子的不尊重。得不到媽媽重視的孩子，會感覺自己很軟弱無力，因為沒有選擇的權利，久而久之就會使孩子變得沮喪，進而壓抑了孩子行動的慾望。

這種被媽媽操縱生活的狀態，在孩子心中籠罩上了一層烏雲，在媽媽的每一次為自己做主的時候，都會覺得自己無能，進而對媽媽產生了冷漠和恐懼的心理。

媽媽要時刻關注自己的行為，不要因為對孩子的過分關心而干擾孩子的生活。事事為孩子做決定，並不是真正關心孩子的表現，而是置孩子的想法於不顧，是一種自私的表現。不可否認，媽媽對孩子有照顧的責任，但這並不等於可以事事為孩子做決定，將自己的想法等同於孩子的想法。只有在適當的時候給孩子一些成長的空間，孩子才不會疏遠自己，更不會覺得自己很失敗。

很多有主見、心智發展良好、較同齡人成熟的孩子，他們成長的共同點都是擁有平等的家庭的氛圍。在家裡，他們雖然是年齡最小的，但是媽媽卻為他提供獨立的地位，可以對涉及自己的問題甚至家庭的問題發表自己的看法。而這樣的媽媽也非常注重為他們的成長營造平等的氛圍，即使孩子很小的時候，對很多問題不能形成正確的判斷，媽媽還是讓孩子發表意見，讓他有機會表達自己的想法。如此一來，媽媽才算是深諳教育孩子的真諦。

在家庭中，媽媽一旦改掉了什麼事都為孩子做主的習慣，就能獲得比金錢更有價值的財富——一個有主見、人格健全的孩子和良好的家庭氛圍。

【媽媽先知道】

一種良好的教育方式，是鼓勵媽媽尊重孩子的想法，為孩子提供發表意見的機會，並為他們的意見進行分析，讓孩子成為一個獨立、有主見的個體。這樣的做法不僅僅是支持孩子的一個決定，同時也是向孩子傳達了一種積極的資訊：你人生發展的方向完全掌握在自己的手中，只要你的決定是經過思考並且是合理的，都能獲得媽媽的支持。

第六節

不要什麼事都替孩子代勞

媽媽心態：別擔心，孩子，什麼事都有媽媽呢！

孩子狀態：失去勇氣與夢想。

孩子的成長是一個循序漸進的過程，媽媽要根據孩子的自身特點，在不同的年齡階段，給他創造處理不同問題的機會，使孩子瞭解自己的能力，清楚自己的職責，逐步養成獨立做事的好習慣。否則，孩子長大後，往往會懼怕困難，難以獲得成功。

有些媽媽總會以為自己愛孩子，就應該什麼事都幫助孩子完成，不需要孩子操任何的心。不僅把孩子的生活打理得妥貼，對孩子遇到的問題，也總是主動替孩子承擔。有時候，媽媽往往沒有瞭解事情的來龍去脈，就著急地替孩子做了決定，結果使事情變得更加糟糕。

孩子有屬於自己的世界和空間，在他遇到問題的時候，並不全是期盼獲得媽媽的幫助和干預。比如，孩子和自己的朋友發生矛盾，以及要完成老師出的課外作業。這些問題對於孩子來說，都是自己可以解決的，此時媽媽就不要再為孩子操心了。

有些媽媽顯然缺乏耐性。比如，孩子在家裡要完成一件老師出的手工作業，完成一件模型，這些細緻的手工，孩子做起來顯得很笨拙，或者整個過程都是慢條斯理的。這時候，心急的媽媽就看不過去，趕緊幫助孩子完成。孩子沒有著急，媽媽著什麼急呢？操這些無用的心是很沒有必要的。如果孩子遇到自己無法解決的問題，自然會請求媽媽給予幫助。再進一步說，孩子就是孩子，做事動作慢些，效率低些，這都是情有可原的，不要凡事對孩子要求過高了。

還有的媽媽總是覺得孩子還小，所以事事為孩子操心，為了心疼孩子，甘願為孩子做完所有的事情。

佳佳的依賴性非常強，小的時候總是向媽媽撒嬌，時時刻刻讓媽媽抱著，長大一點的時候又要讓媽媽背著，上廁所要媽媽跟著。上了國小以後，生活中的很多事情都不會自己做，甚至連最基本的洗澡、刷牙、洗臉、穿衣等生活基本要素都不能自理，凡事依賴媽媽，好像離開了媽媽，自己就不知道該怎麼辦了。

佳佳這樣的情況，就是過分依賴媽媽的表現。當孩子一旦養成了凡事依賴媽媽的壞習慣，將來就難以自己面對生活，總給自己「沒事，我有媽媽呢」這樣的藉口，總是等待著媽

媽的安排和幫助，久而久之就變成了一個無所作為的人了。對於孩子這樣的依賴性，做媽媽的要有清醒的認識，早日培養孩子的自理能力，避免孩子養成這樣的壞習慣。

張女士當媽媽許多年了，別人提及她上國中的兒子總是讚不絕口，但是她自認為，在孩子的成長過程當中，自己確實沒有費太大的心，因為很多的事情都是孩子自己在處理。在兒子很小的時候，她就很少主動為兒子承擔什麼。孩子摔跤的時候，她總是不慌不忙地說：「自己爬起來。」

孩子在玩拼圖遊戲的時候，怎麼拼也完成不了，她在一邊對孩子稍加指點，然後告訴孩子：「媽媽可不能什麼事情都幫你哦，你應該是可以自己拼好的。」每當她認為孩子能夠獨立完成的事情，從不主動給予孩子幫助。

有一天，孩子放學回家對她說：「媽媽，春天到了，我們班上要舉辦春遊野炊活動，可是經費得自己想想辦法，不能向家裡要。可是我到哪去賺那麼多錢呢？」做為媽媽，張女士說：「自己的事情可是要自己解決。媽媽給你一個建議，要靠自己的能力賺錢。」後來，她的兒子就和幾個同學約好了，替報社賣報紙，辛苦了整整一個週末，賺到了野炊的經費。就這樣，孩子被慢慢調教出來了，遇到問題首先不再是找父母解決，而是自己想辦法解決，實在解決不了，才希望媽媽幫忙。

事實證明，孩子可以在自己力所能及的範圍內解決很多問題。張女士的教育方式非常值得每位媽媽借鑑：給予孩子一定的自由度，適當的時候放手，培養孩子獨立自主的能力。

同時，媽媽應該對自己的孩子有充分的認識，尤其是孩子的能力，瞭解他可以做什麼。當妳意識到孩子完全能夠應付自己所遇到的問題時，就讓他自己去解決。媽媽可以是顧問，可以是軍師，但最好只是袖手旁觀。孩子在獨立處理問題的過程當中，要做出判斷，決定行動。因為獨立的能力不是一朝一夕可以培養出來的，需要經過不斷的累積，不斷總結經驗、不斷鍛鍊。在孩子不斷成長的過程當中，也要培養自己分析孩子各方面素質的能力，在實際當中，給予孩子即時的、合理的教育。

對孩子說：「這個問題你可以自己解決。」而不是，「什麼事情都有媽媽的，別擔心，孩子。」告訴孩子問題可以自行解決的過程，就是在告訴他，自己的事情可以自己處理，不能總是依賴媽媽；而告訴孩子，要對自己所做的事情承擔相應的責任，讓孩子明白這些，對於孩子將來的能力非常的重要。

孩子：「媽媽，我衣服上可愛的熊熊釦子掉了。」

媽媽：「那麼可愛的熊熊釦子，可是妳自己的呀，它希望妳自己將它縫上，那麼，以後它就會聽妳的話，不會再掉了。」

孩子：「媽媽，可是我不會啊！」

這樣的媽媽絕對是個聰明的媽媽。因為她完全盡到了一個做為媽媽的責任，當孩子遇到問題的時候，一方面給予孩子適當的提示；另一方面，給予孩子自己解決問題、鍛鍊能力的機會。媽媽在一邊指導孩子做事的方法和技巧，關鍵的執行環節，必須讓孩子自行完成。在這種情況下，孩子才能學習到真正的本事。

孩子的成長是一個循序漸進的過程，媽媽要根據自己孩子的年齡特點，在不同的年齡階段，給自己孩子處理不同問題的機會，使孩子瞭解自己的能力，清楚自己的職責，逐步養成獨立做事的好習慣。

比如，在孩子小的時候，可以要求孩子洗菜或者洗自己的小手帕；等長大一些上國小的時候，可以要求孩子掃地、擦玻璃……到國中的時候，可以要求孩子洗衣服、買菜、做飯、整理自己的房間……在這期間，媽媽要在孩子相應的年齡階段裡認清自己的職責。

如果孩子自願為媽媽分擔，想幫媽媽的忙，此時媽媽一定不能拒絕，要積極主動地鼓勵並指導孩子應該怎麼做。不要總是將思維訂在孩子還小，不但做不了還總出差錯，就不讓孩子動手了。這種錯誤的思維所產生的結果是：一方面影響了孩子鍛鍊能力；另一方面打擊了孩子的積極性，孩子將來也許就沒有興趣主動做事情了。因此，對於孩子積極主動想做的事情，媽媽應該特別地加以鼓勵和讚揚。如果孩子做對了，媽媽就要給予表揚和鼓勵，那麼在孩子的心裡，就會形成一種想法：只要自己這樣做了，就能夠得到媽媽的鼓勵了。

【媽媽先知道】

培養孩子獨立處理問題的良好習慣，必須從小培養起，給孩子完成生活中每一件小事的機會。在孩子獨立完成一件任務的時候，媽媽要提示孩子，做事應該有頭有尾，不能馬虎對待。在這個過程中，媽媽還要做到耐心細緻，切忌急躁，給孩子足夠的空間。只要媽媽能夠持之以恆，孩子良好的習慣就一定能夠培養起來。

第七節

用你的愛澆灌出一個充滿愛心的孩子

媽媽心態：不要多管閒事，不要瞎操心！

孩子狀態：對人冷漠，對愛冷漠。

人們常說有什麼樣的父母就有什麼樣的孩子。的確，父母是孩子的第一位老師，父母的人生觀、價值觀會對孩子產生巨大的影響。一個缺少愛心，對身邊的一切事物都冷漠視之的媽媽肯定教育不出一個充滿愛心，關心朋友、同學、群體的好孩子。

愛是人類最偉大的力量，它可以化解世上所有仇恨，一個心中充滿愛心的人肯定是一個品格高尚的人。媽媽對孩子的愛是孩子成為一個充滿愛心的人的最大動力，也是培養孩子高尚人格的溫床。因此，如果想讓自己的孩子成為有愛心的人，媽媽自己要先學會如何愛家人、愛孩子、愛周圍所有的人。

李潔是一個性格古怪，不怎麼合群的人，而且她還有一個最大的缺點就是待人極其冷漠，毫無同情心。俗話說：「物以類聚，人以群分。」李潔的丈夫在這點上也比她強不了多少，也是個沒什麼愛心的人。夫妻二人回到家中經常談論工作公司裡發生的事情，對如何為人處事這方面，他們給予對方最多的建議就是少管和自己沒關係的閒事、同情心不值錢。

夫妻二人聊天的時候總是不避諱女兒，還經常在女兒面前談論一些諸如某某有多蠢又愛心氾濫給了乞丐幾塊錢；公司哪個同事又請病假了，一定是在裝病等等。他們談論得興高采烈，都對各自的「無情」大加讚揚，卻沒有意識到他們對待周圍事物的冷漠態度已經在女兒的心中深深地扎下了根，對她產生了很大的影響。

有一次，學校舉行向災區小朋友獻愛心的活動。同學們都紛紛捐出自己的零用錢、文具、衣服、生活用品……可是李潔的女兒絲毫沒有反應，因為她覺得災區小朋友生活得如何跟她沒什麼關係，她不想把自己漂亮的衣服、文具、零用錢捐給他們，她要留著自己用。

活動快要結束了，班主任在整理同學們捐贈的物品並登記時，發現班裡只有李潔的女兒沒有捐贈任何東西。班主任想到這位同學的家長都在不錯的公司工作，家庭條件也比較好，難道是家裡出了什麼事情？出於對學生的關心，班主任把李潔的女兒叫到辦公室，詢問她沒有捐贈的原因，沒想到這個學生的答案完全出乎班主任老師的預料，讓老師跌破眼鏡。

她說：「我不想捐東西給他們，他們的生活和我無關，我不想管別人的閒事！」老師問李潔的女兒說：「妳怎麼會這麼想呢？是誰教妳的？」「我爸媽都這麼說呀！他們說同情心是沒用和愚蠢的。」李潔的女兒理直氣壯地說。

老師對這樣的孩子既感到失望又感到驚訝，她認為自己有義務找李潔談談。可是不談還好，這一次談話讓老師徹底絕望了。妳知道李潔的媽媽是怎麼答覆老師的嗎？她說：「我認為您的行為有點過分，孩子捐不捐東西是她的自由選擇，您這麼做是在強迫她，干涉她的自由。我支持我女兒的做法！」

這樣的媽媽簡直是太可怕了，不但不反省還對女兒的做法表示贊同，我們不得不為她女兒的成長捏一把冷汗，真不知道日後她會成為一個怎樣的人。

教育機構曾對一百名國小學生做過這樣一項調查，題目是把下一問句補充完整：

「自習課上，同桌的李亮趴在了桌子上，我……」

「爸爸出差回來了，娜娜她……」

「鄰居家最大的困難……」

「媽媽失業在家了，我……」

調查結果是：第一題，僅有20%的小學生寫到：「自習課上，同桌的李亮同學趴在了桌子上，我覺得他可能是生病了，應該快點問問他。」

第二題，僅有10%的小學生寫到：「爸爸出差回來了，娜娜她接過爸爸的公事包，問爸爸累不累。」

第三題，僅有10％的小學生能說出鄰居最大的困難，大多數的孩子寫到：「鄰居家最大的困難我不知道。」

第四題，只有12％的孩子寫到：「媽媽失業在家了，我應該好好學習，多關心媽媽。」

雖然這一百個孩子不能代表所有孩子的想法，也不能絕對地說現在的孩子們都沒愛心，但是我們還是可以看出「冷漠」已經在孩子們的生活中出現。如果我們不及早的把這種自私的觀念消滅在萌芽之中，後果是不堪設想的，畢竟孩子們是未來的希望。

媽媽應該怎麼做才能使孩子成為一個充滿愛心的人呢？以下這些建議可能會幫助妳：

1. 媽媽要有培養孩子愛心的希望。

希望的力量是巨大的，媽媽如果希望自己的孩子長大後能有所作為，就會竭盡全力地為孩子的成長創造有利的條件並適當地激勵他。孩子也會逐漸感受到媽媽的希望，就會努力學習，久而久之，媽媽的希望就變成了現實。對愛心的培養也是同樣的道理。媽媽應該希望自己的孩子成為一個內心充滿愛的人，而不僅僅是做一個有才華的人。

2. 媽媽要從自身做起。

要想使孩子成為有愛心的人，媽媽首先必須成為有愛心的人。所有的媽媽都應該有社會責任感，都應該孝順父母，關心父母。很多媽媽無論在孩子身上花多少錢和時間都不覺得心疼，但對父母卻非常吝嗇。這無形中會影響到孩子，他既然看在眼裡，就不能保證他將來不學你們。家庭環境對孩子的成長非常重要，所以夫妻關係要和睦，相互關心。此外，媽媽還要善待身邊的每一個人，每一件事物，時刻用愛心包圍著孩子。

3. 媽媽要在乎孩子的感受。

只把孩子的吃喝拉撒睡照顧好的媽媽，不是真正稱職的媽媽，真正稱職的媽媽不僅要在生活上照顧孩子，更要在心理上關心他們，在乎他們的感受。當孩子和妳興致勃勃地說話時，妳是否認真地傾聽？在別人面前妳是否毫不留情地數落孩子的弱點或缺點？妳是否經常拿自己的孩子與別人的孩子做比較？妳是否經常誇獎別人的孩子而貶低自己的孩子？妳是否偷看過孩子的日記和信件？妳是否花時間陪妳的孩子？妳是否真正瞭解孩子的內心渴望？妳是否經常干涉孩子的交友自由？媽媽想把孩子教育好就要先瞭解孩子的心態，要先和孩子做朋友，從孩子的角度思考問題，真正在乎孩子的感受。

4.媽媽不要用愛跟孩子做交易。

當孩子沒有按照媽媽的指示做事情的時候，很多媽媽習慣威脅孩子。這種威脅往往適得其反，會使孩子產生恐懼、不安和叛逆心理。媽媽的威脅方法是不能夠培養孩子的愛心的，只有不附加任何條件地愛孩子，孩子才能真切體會到妳的愛，才能覺得自己存在的價值為何。媽媽對孩子的愛絕不能讓孩子產生巨大的壓力，孩子在沒有壓力的環境中，才能用良好的情緒來對待生活和學習，才能健康成長和發展。

5.媽媽要多分給孩子一些時間。

感情的培養需要時間，雖然媽媽與孩子的感情無法被時間割斷，但是媽媽還是應該多分一些時間給孩子，不要總是想著工作、賺錢。媽媽的工作就算再忙，也要抽出一定的時間和孩子在一起吃飯、玩耍、鍛鍊或者學習。媽媽與孩子在一起的時間即是媽媽瞭解孩子的過程，也是最適合教育孩子的時機。比如，當妳與孩子郊遊時妳就可以教育他要熱愛大自然，愛護花草樹木和動物。媽媽一定要記住，當妳與孩子交流時一定要全身心投入，並且要與他「平起平坐」。

6.媽媽要鼓勵孩子對他人表達愛心。

愛心不應該只停留在思想和感情上，更應該落實到具體的行動中。媽媽不僅要鼓勵孩子在心中充滿愛，更要鼓勵孩子在日常生活和學習中以行動幫助他人。

【媽媽先知道】

環境對於孩子的成長發揮至關重要的作用，在愛的氛圍中長大的孩子內心是健康、陽光的，他不僅從父母那裡得到了應有的愛，也學會了如何去愛別人。做為媽媽，誰都不想看到自己的孩子充滿了冷漠，對周圍的事物冷酷無情、麻木不仁。所以，媽媽要用自己的愛心去擁抱孩子，用自己的同情心影響和感化孩子，使孩子成為一個內心充滿愛的人。

3

「誘導」妳的小天使，做孩子成長的領航員

第一節

恰當的讚美幫助孩子成長

媽媽心態：做這麼點小事，應該的！

孩子狀態：什麼都是別人好！事事與你作對。

嬌豔的花朵需要陽光的讚美，茁壯的禾苗需要雨露的讚美，成長的孩子需要媽媽的讚美。對讚美的渴求是人的本性，並深深地根植於每個人的靈魂深處。馬克．吐溫曾說過：「一句精彩的讚美可以做我十天的口糧。」懂得讚美孩子的媽媽是世界上最聰明的媽媽，讓孩子在讚美聲中快樂地成長，走向成功，那將是一件非常幸福的事！

孩子在成長過程中，最重要的是培養他們的自信心；有了自信，可以促使孩子克服困難，努力進取，獲得積極快樂的人生。有些媽媽最大的錯誤，莫過於採取以打擊代替讚美的方式對待孩子。做為媽媽，應該知道愛護和信任對孩子的成長和成功是有莫大幫助的。因此，媽媽對孩子的讚美應該是慷慨大度的。讚美是媽媽對孩子表達愛意的一種方式，讚美的話可以鼓勵孩子，讓他們覺得自己備受尊重。

薩奇是個非常調皮的孩子，總是不愛聽媽媽的話，專門和媽媽作對。媽媽說東，他偏要往西，媽媽罵過他，也打過他，可是各種方法都無濟於事。後來，媽媽覺得硬的不行，就打算來軟的。

一天，薩奇回到家就去看電視，媽媽讓他乖乖地去做作業，可是他偏不去。如果是平時，媽媽早就訓斥他了，但是今天沒有，媽媽站在薩奇的身邊，親切地對他說：「寶貝，你是一個特別聽話的孩子，媽媽很喜歡你，先做完作業再看電視好嗎？」

媽媽用這種口氣讓薩奇去做功課還是第一次，薩奇雖然心裡有些不太想做作業，但看媽媽這麼誇自己，還是走進自己的房間去做作業了。

等薩奇做完作業，媽媽繼續給予讚美：「寶貝，你真乖，很聽媽媽的話！」

「媽媽不是成天罵我不聽話嗎？」

「你是個乖孩子，媽媽以後再也不罵你了！」

「好！一言為定！」

從此以後，薩奇的媽媽總是恰到好處地說些好聽的話來讚美兒子，薩奇聽了媽媽的話，心裡好像吃了蜜一樣，甜滋滋的，媽媽讓他做什麼，他也不再叛逆了。

上述案例中，媽媽對孩子必要的讚美，給孩子一種發自內心的滿足感與幸福感。世界上沒有人不渴望得到別人的讚美，孩子更渴望得到媽媽的讚美。當孩子的好行為和好習慣得到媽媽的稱讚時，會產生一種愉快的情緒，能讓孩子充分肯定自己、尊重自己，進而完善更加完美的人格。我想，每位媽媽都願意讓孩子享受這種感覺吧！

媽媽在語言讚美的同時，如果再加以動作輔助，更容易使孩子感動。當孩子的行為得到媽媽不斷的讚美時，孩子會對自己所做的事越來越自信，越來越願意去嘗試和探索，因而就會有更多的成功機會。

在媽媽的潛意識裡，表揚孩子，是能使孩子獲得快樂的，可以建立他的信心，也能使孩子在讚美中變得更加聽話。但事實真是這樣的嗎？

沒錯，我們提倡在生活中每天能讚美孩子「一分鐘」，但是，又有多少媽媽能注意讚美孩子的正確方法呢？對於孩子，並非事事都要讚揚，也不是讚美得越多越好。在過多的讚美中，如果讚美不當了，便會使孩子產生緊張的情緒。

榭莉六歲了，從來沒有試著收拾過自己的床，媽媽很擔心：「這孩子，將來自理能力一定會很差！」

有一次，榭莉把毯子掉在了地上，就下意識地撿起來把它鋪好，媽媽看見榭莉的這一舉動，覺得時機來了，就上前摸著她的頭，讚揚道：「妳做得很好，孩子，毯子鋪得很整齊。」得到媽媽的讚美，榭莉很高興。

第二天，榭莉比以往早起了十分鐘，不但把被子鋪好了，還整理了床和枕頭。媽媽走進榭莉的房間，看到女兒的床與以往不同，特別高興，在榭莉額頭上輕輕地親了親，稱讚說：「寶貝，妳是世界上最乖的孩子，媽媽愛妳！」

媽媽俯身找鞋子給榭莉穿，可是怎麼也找不到，便問：「榭莉，妳的鞋子呢？」

榭莉把兩隻腳伸出來，高興地說：「媽媽，我已經穿上了！」

媽媽一看，原來榭莉把鞋子穿反了，但媽媽還是忍住笑，對女兒說：「很好，寶貝，妳像大人一樣懂得自己穿鞋子了。」

榭莉低下頭看著自己的鞋子，她發現自己把鞋穿反了，便不解地問：「媽媽，我把鞋子穿反了妳怎麼還誇獎我呢？」

「妳表現得很不錯了，慢慢來，讓媽媽告訴妳怎樣穿鞋子吧！」媽媽一邊給女兒穿鞋，一邊告訴她哪隻是右腳的，哪隻是左腳的，該怎麼穿。

第三天，榭莉仍然早早地就起床了，把自己的床收拾得更加整齊，而且鞋子也穿對了，媽媽滿意地拍拍她的小腦袋說：「女兒，妳真的長大了！媽媽越來越喜歡妳了！」

慢慢地，媽媽發現榭莉在自己的不斷讚美下，一天比一天做得好，她的房間也越來越乾淨了。

上述案例中，媽媽對樹莉的讚美就是一個循序漸進的過程，但是，其中不乏有樹莉對讚美產生懷疑的地方。比如，當樹莉發現自己的鞋子穿反而媽媽仍然表揚她的時候，她會覺得心目中的自己也許不是那麼乖的，這樣誇她對她來說反而是一種壓力，幸好她沒有對媽媽的讚美反感。

心理學家H．C．吉諾特透過研究發現，「幼兒受到過分表揚，覺得自己不值得表揚的時候，反而感到不安。」因此，讚美孩子的時候一定要注意原則。做為媽媽，千萬不能以為孩子就是好哄騙的，家長的話中幾分真假，孩子心裡是有數的。讚美太過了，孩子會覺得家長沒有誠心，是一種敷衍的態度。時間長了，孩子可能就不把這些讚美的話放在眼裡了，也會對媽媽產生心理上的反感和排斥。只有真誠地給予孩子讚美，母子之間的歡樂和幸福才會時時圍繞著妳。媽媽們要記住，孩子需要的是貼切而不是誇張的讚美，真誠而不是虛偽的讚美。

另外，過分的讚揚會顯得很抽象，孩子聽了，也不一定能真正理解自己所得到的肯定。所以，有時候會出現適得其反的情況：當媽媽誠心誠意表揚孩子的時候，孩子又恢復了原來的樣子，不聽話、故意弄些惡作劇等；或者對媽媽的表揚，他不再理會了。

做為媽媽，在明白讚美孩子是一種表達愛的方式的同時，還必須明白：讚美就跟青黴素一樣，不是拿起來隨便就能用的。必須遵守使用的量和度，還有時間，並注意可能產生的過敏性反應。這裡還有一個重要原則就是，讚美孩子應該依據客觀的事實，側重對能力上的讚美，而不能涉及孩子個人品格。如案例一中媽媽說的話「寶貝，妳是個特別聽話的孩子，媽媽很喜歡妳，先做完作業再看電視好嗎？」和案例二中的：「妳做得很好，孩子，毯子鋪得很整齊」，這樣的話就足夠。而像案例二中的「寶貝，妳是世界上最乖的孩子，媽媽愛妳」這樣的話就不一定要當面對孩子說出來了。

因為，孩子所做的事都只是一些力所能及的事，在他的內心深處也是十分希望自己得到肯定的，至於自己是否是「世界上最乖」、是否是「特別聽話」，他也許根本就沒有思考過。媽媽讚美的話語只要中肯就行，孩子也能在這樣適度的讚美中，對自己的行為進行簡單的價值判斷，在這樣適度的讚美中自行演繹自己的品格。

難以想像，一個在生活中處處聽慣了讚美話語的孩子，將來對自己是否能有清醒的認識，將來能否虛心接受別人的批評或意見呢？

所以，媽媽不能讓孩子在受責備的環境中成長，但是也不能讓他整日沐浴在甜言蜜語中。

【媽媽先知道】

媽媽的讚美是表達對孩子愛意的一種方式。讚美的話可以鼓勵孩子，讓他覺得備受尊重和肯定自己的價值所在，進而發展出更完美的人格。但是過度、過分的讚美，往往會讓孩子產生一種錯覺，覺得自己就是最好的。於是，他看不到自己的缺點，也不能正確認識自己所做的事，將來也未必能經得起挫折和批評。媽媽要記住，讚美只是對孩子努力的肯定，也許只要那麼一點點就足夠了。

第二節

責備也要有技巧

媽媽心態：無論什麼場合，想責備就責備。

孩子狀態：打擊自尊，開始變得抑鬱。

好媽媽應該掌握責備的藝術，用心地幫助孩子改正不良的行為。媽媽要讓孩子知道受到責備的原因，使他心服口服，並且在責備中感受到媽媽對他的關懷，這樣才能真正達到責備的目的。

我們反對對孩子一味責備，缺少鼓勵和讚揚。同時也承認，對孩子予以必要的責備也是不可缺少的。但是在現實生活中，有些家長往往莫名其妙地責備孩子，孩子不知道自己做錯了什麼，家長也說不清到底為哪件事發火。

媽媽對孩子進行教育也需要「責備」這件法寶，責備是一門學問，不僅要講究原則，而且還講究方式方法。媽媽的責備不僅是讓孩子聽話，更重要的是讓孩子進步。如果媽媽的責備方法不對，無法幫助孩子發展，相反，會讓孩子失去上進心。

琳達的媽媽非常喜歡裝飾品，她家客廳的裝飾櫃裡擺放了很多十分精美的瓷器。小琳達去倒水時，手伸到了裝飾櫃裡，「巴嗒」一聲，花瓶碎了。

琳達知道自己闖了禍，嚇得連連後退，端在手裡的水也撒了一地，客廳裡頓時一片狼籍。媽媽看了看女兒，十分生氣，那可是她最心愛的瓷器呀！

媽媽望著一地的碎片，難過地說：「看，妳不小心把花瓶打碎了，妳知道嗎？媽媽非常喜歡這個花瓶！」

琳達低著頭，不好意思地說：「是我不好，媽媽，我以後會小心的。」

媽媽蹲下身子撿地上的碎瓷片，琳達急忙拿起掃把和媽媽一起打掃。

當媽媽打掃客廳的碎瓷器片時，琳達站在旁邊一會兒遞抹布，一會兒遞掃把，還自己拿著抹布跟媽媽一起擦地。

當把碎瓷片清掃乾淨時，媽媽看著裝飾櫃裡空著的地方難過地說：「這麼漂亮的花瓶，多可惜啊！」

琳達很懂事地點點頭：「媽媽！下次我一定會特別注意，不讓這麼美麗的花瓶再摔碎。」

琳達想摸瓷瓶，是她的好奇心所致，所以琳達的媽媽沒有大聲地訓斥她，而是動情地責備她的不小心，打碎了媽媽心愛的瓷瓶，讓她意識到自己的錯誤，引導琳達以後做事要多加注意。

每個孩子都會做錯事情，但每個媽媽卻在對待孩子做錯事情的問題上有不同的做法。一個好媽媽不會縱容孩子，也不會責罵孩子，她會用巧妙的責備讓孩子發自內心地意識到自己的錯誤，並給予改正。一味地縱容會養出一個嬌慣的孩子，一味地責罵會養出一個自卑、沒信心的孩子，而巧妙地責備則會培養出一個知情達禮的孩子。做為媽媽，妳會選擇哪一種做法呢？

著名育兒專家斯賓塞曾經有過這樣的評論：「粗糙輕率的家庭管理作風是最貧乏、最無教育智慧者都能夠採用的。最不開化的野人和最笨的農夫都會想用打幾下和罵幾句做為懲罰。獸類都能用這個辦法來管教，從一個母狗用吠聲和假咬來制止一個要求過分的小狗，就可以看得出來。」

媽媽責備孩子的時候，要盡量用小孩子能明白的語言用詞，清楚地告訴孩子是什麼原因才責備他。在責備的時候，如果和孩子的行動之間沒有什麼直接的關聯，就達不到責備應有的效果。所以，媽媽如果發現孩子犯錯誤，就應該在事情發生的時候責備，不然孩子根本無法明白自己為什麼被媽媽責備。

如果只是一味的斥責孩子，那只能是左右孩子行為的一種教育方式，只能給孩子提供一種消極的資訊，只是單純地表明孩子做得不對，卻沒有告訴孩子怎麼做才是正確的。因此，媽媽在教育孩子的過程中，要告訴孩子正確的做事方法，這樣，孩子才不會感到迷惑不解，不知所措。

責備雖然是媽媽教育孩子的好武器，但是責備也要分場合。媽媽們要知道，孩子比大人更愛面子，孩子對責備會更加敏感，如果不分場合地當眾責備孩子，孩子們會覺得被別人瞧不起。

七歲的光光吃飯時，經常用手抓飯抓菜，或用勺子敲飯碗，弄得一桌狼籍。一天，光光的媽媽約了幾個朋友來家裡作客。媽媽就提前告訴他：「今天有幾位阿姨的好朋友來家裡作客，你一定要用勺子吃飯，千萬不能用手抓菜，也不能用勺子敲飯碗，那樣的話，阿姨們會認為你是個沒有禮貌的孩子，懂嗎？」

「我懂，媽媽，我一定不會讓妳丟臉的！」光光蠻有信心地回答。

飯菜端上來後，光光看到香噴噴的飯菜，早把媽媽的叮囑忘到九霄雲外了，不由得伸出手來。媽媽知道光光的這個毛病，忙伸出手攔住，對兒子說：「光光，廚房裡有你的勺子，去拿好嗎？」

阿姨們並沒有注意到這個細小的動作，光光一下子明白了媽媽的用意。媽媽覺得當著眾人的面不好責備他，便找了個藉口讓他到廚房去。媽媽見光光到了廚房，也忙說：「噢，廚

房裡還有菜，我去端！」

到了廚房，媽媽悄悄對光光說：「你怎麼又伸出了手？你這樣做很不禮貌的，阿姨們會不喜歡你的，如果下次再這樣，媽媽就生氣了。」

吃飯時，光光一直記著媽媽的話。因此，他吃飯時特別注意禮節，阿姨們都誇獎光光懂事。

光光的媽媽透過巧妙地把孩子叫到廚房，責備他的壞毛病，這樣既能讓孩子容易接受，又讓孩子在大家面前不失面子。如果媽媽當著眾人的面責備、訓斥光光，不但會讓光光感到難堪，而且在場的人也會感到尷尬。

其實，類似的情況在生活中有很多。媽媽要知道，孩子做得不對時不僅關乎妳的面子，也關乎孩子自己的面子。責備是必要的，但不分場合的責備卻是無知的。孩子的自尊心很脆弱，媽媽在想著改掉孩子壞毛病的同時，更要懂得呵護孩子脆弱的自尊心。

對於責備的方式，孩子再怎麼錯，也不至於否定和侮辱他的人格和自尊心。即使孩子還小，沒有具體的人格意識，但他也會為那樣的話感到屈辱，覺得自己的心靈被嚴重刺傷了。

人的一生，不犯錯誤是不可能的，這是眾所周知的道理。但是做為媽媽，往往會用這個道理來原諒自己所犯的錯誤，卻不肯用這樣的道理來原諒自己的孩子。大人的世界和孩子的世界應該是平等的，為什麼媽媽犯錯時候能偏袒自己，卻對自己孩子苛刻呢？

當然了，凡事都是有利有弊的。當孩子犯錯時，過分寬容是不可取的，但是該寬容的時候，也絕不能過分苛刻。一種優秀的責備，首先應該把孩子所犯的錯誤當平常事來對待，對他的過失要表示理解。這樣一方面可以緩解孩子因錯誤帶來的心理壓力，另一方面也能給自己一個正確、全面瞭解孩子內心世界的機會。

媽媽的責任就是要在孩子犯錯的時候，即時有效的給予提醒，制止他的行為，引導孩子認識錯誤改正錯誤。不管有多麼嚴重，都要先弄明白整件事的經過，瞭解孩子犯什麼錯，為什麼會犯錯，錯到了什麼程度，然後告訴孩子他的不對，應該怎麼去改正。

【媽媽先知道】

孩子犯錯是再正常不過的事情，就連我們成人也無法做到完美，為什麼還要苛求孩子呢？媽媽在面對孩子的錯誤時，要注意責備的火候，絕對不能一看到孩子犯錯就火冒三丈。有的孩子感受性極強，稍微大聲的責備都會對他們的心理造成很大的震動，責備這樣的孩子要學會輕聲地責備，甚至用肢體語言來暗示；有的孩子「皮糙肉厚」，輕聲責備在他們面前很難發揮出任何的作用，媽媽們就可以嘗試用稍微嚴厲的方式來責備，讓他們意識到自己錯誤的嚴重性。行之有效的責備要結合場合、結合孩子個性特點等因素，用心去換來的。

第三節

鼓勵塑造勇者，鼓勵成就夢想

媽媽心態：我的孩子可以嗎？

孩子狀態：越來越沒有信心，面對生活更加悲觀。

孩子成長的過程，如同在森林中探索一樣，可能處處藏著豺狼虎豹，時時遇到艱難困苦。但是，無論前方發生什麼變化，無論他們遇到什麼難題，無論前面是懸崖還是峭壁，媽媽都要鼓勵孩子勇敢地去面對，用積極樂觀的心態去迎接人生的挑戰。這樣孩子才能走出迷茫，走向成功，贏得未來。

媽媽鼓勵的真正價值在於，當孩子痛苦或迷茫的時候，媽媽能夠即時給予溫暖，並正確地引導孩子。有了媽媽的鼓勵，孩子本來做不好的事情也會在媽媽的關愛之下做好，而本來可以做好的事情也一定能做得更好。做為媽媽，在內心裡都會有一種潛在的意識，會覺得孩子小，做事不放心，對孩子的能力缺乏足夠的信任。也有的媽媽處於保護孩子的心理，不讓孩子去嘗試沒有做過的事情。一旦孩子提出了要求，媽媽就會產生懷疑的態度：「這孩子可以嗎？」

「安德魯，這些是你搞的嗎？」媽媽把一堆鬧鐘的零件往桌上一扔，有些生氣地問。

「是的，媽媽。我只是想看看鬧鐘裡面有些什麼東西，我本來打算再把它們裝回去的，可是又忙著拆剃鬍刀，把鬧鐘給忘記了。」

媽媽看到孩子好奇心這麼強又不忍心喝斥他，便耐心地對兒子說：「安德魯，這些東西都是很貴的，你喜歡拆東西沒問題，但是拆完還要把它們裝回去。」

安德魯很愧疚地說：「知道了，媽媽，我真的很想知道這些東西到底是如何運作的。」

媽媽坐在兒子的身旁，說：「告訴我，兒子，你把這些東西拆開要幹什麼呢？你要學習修理機器嗎？」

安德魯想了一下，說：「不是的，其實我不喜歡裝回去，只是想拆開看看裡面到底有些什麼東西。」

媽媽想了想說：「兒子，我們可以去社區學校看一下，看看那裡有沒有關於拆裝小器械的課程。既然你這麼喜歡拆機器，那就透過課堂上的學習，來親身感受一下，自己對機械方面究竟有多大的興趣吧！」

「太好了，媽媽！我真想搞清楚所有的機器裡面到底都有什麼東西來維持它們運作

的！」安德魯高興地說。

做為媽媽，要允許孩子「拆東西」，家中如果有貴重的東西，盡量放到安全的地方。其他的東西如果被孩子拆了，也千萬不要責怪他們，那樣只會打擊孩子的好奇心與探索慾。妳也要向安德魯的媽媽學習，告訴孩子如果想拆東西，也要得到大人的同意。另外，要告訴孩子，拆東西只是完成了一半的工作，把拆下來的零件再裝回去才算是完成了全部的工作。這樣，一拆一裝的兩個過程，會更加促進孩子的成長。

媽媽是孩子最信賴的人，她的話能造就一個孩子，也能毀掉一個孩子。試想，當媽媽沒有給予安德魯拆卸機械的機會，孩子潛在的能力或許就會從此被遏制了，永遠無法發揮出來。最終的結果會讓孩子在心裡產生了強大的錯覺：「我真的沒用，連這個簡單的事情都完成不了。」長此以往，他就會對事物慢慢失去興趣，到那個時候，就真的是「什麼也不會做了」。

每個孩子都對新鮮事物充滿了好奇心，只要用心去觀察，就總想自己動手。對孩子來說，這好像是在玩耍、做遊戲，而正是這種好奇心，促使孩子學到了大量的知識。因此，媽媽鼓勵孩子動手動腦、鼓勵孩子實現自己的夢想，滿足孩子的好奇心，就等於在為孩子的未來鋪路。

小潔從小就膽小，做什麼事都要媽媽陪著，比如到公園去玩耍時，總是讓媽媽在一旁看著。

有一次，媽媽帶小潔去公園。到了鞦韆旁，媽媽想讓小潔一個人盪一會兒，可是小潔不敢，媽媽把她抱上去，小潔嚇得直哭，媽媽只好又將她抱下來；到了溜滑梯邊，媽媽讓她像其他小朋友一樣一個人溜溜滑梯，她還是害怕，讓媽媽在下面接著她。

媽媽見女兒這樣膽小，心裡很擔心，就決定改變對孩子的教育方法，鼓勵小潔獨立勇敢起來。

媽媽說：「小潔，妳自己玩一會兒，媽媽在這裡等妳好不好？」

小潔拉著媽媽的手死死不放，說：「我要媽媽陪著，我自己害怕！」

「寶貝，勇敢一點！妳看，其他小朋友也都是自己玩！」

小潔沒辦法，慢慢走到其他小朋友身邊，怯生生地站在一邊，媽媽在後面鼓勵道：「寶貝，快去玩呀！小朋友們很喜歡和妳玩的！」

小潔試探著走近其他小朋友，和他們一起愉快地玩耍，媽媽只是在一旁靜靜地等著她。到了中午，小潔跑到媽媽身邊說：「媽媽，我玩得很開心，我敢自己溜溜滑梯了！」

小潔的媽媽摸著女兒的頭，對她說：「寶貝，妳今天表現得很勇敢，我希望妳以後也能繼續這樣！」

「媽媽，和別的小朋友一起玩真好，我以後不用妳陪著我玩了。」

「寶貝，妳真是太棒了。」說著媽媽把小潔摟進懷裡。

從那以後，媽媽總是鼓勵小潔自己去嘗試。媽媽還會常常用鼓勵的口氣對她說：「寶貝，自己試試，妳一定可以的！」小潔望著媽媽那堅定的眼神，就勇敢地去嘗試了。

小潔的媽媽培養孩子從小學習勇敢嘗試的經驗是值得讚賞的。每位媽媽都希望孩子早日成材，可是大多數的媽媽只會站在溜滑梯邊焦急地看著孩子玩耍，不敢放手讓孩子獨自面對挑戰。為了孩子，應該儘早讓他獨立起來，這樣才可以培養孩子的獨立性和自信心。在生活中，媽媽要多鼓勵孩子勇敢嘗試，給孩子提供各式各樣的獨立機會，讓孩子在不斷地探索中增強自信，增強對自己能力的認識。只有這樣，孩子才能從小養成勇敢、獨立的特質。

做為媽媽，誰都不會希望自己的孩子成為一個什麼事都不敢做，甚至畏首畏尾的人。在教育理論中，有一種賞識教育。媽媽可以把這套理論運用到日常教育孩子上。

類似這樣的話妳應該經常說：

「孩子，你可以的，媽媽相信你。」

「好吧，媽媽讓你嘗試，你可以做好的。」

……

在孩子要求自己做某件事情的時候，一定不能吝嗇給孩子嘗試的機會。當然，也許這些事情是孩子不能駕馭的，或者對於孩子來說是有一定危險的，但是，只要媽媽告訴孩子做事的步驟、技巧和注意的事項，並在一旁關注孩子，認真觀察做事的進展，就不會有事。在這個過程中，媽媽最好能保持心態上的冷靜，並且控制自己做個絕對的「局外人」。所有的一切都讓孩子動手、動腦完成，這其實是鍛鍊孩子的好機會，結果到底怎樣並不重要。所以，媽媽一定不能在事情進展不是很順利的時候，給孩子潑冷水，說一些打擊孩子積極性的話。最明智的方式是幫助孩子找到原因，鼓勵孩子重新嘗試。

我們不難發現，孩子在一次次的嘗試和努力中，的確能夠學習不少東西，處理問題的能力得到提高，這對孩子的成長而言是十分重要的。這也是妳不吝嗇對自己孩子鼓勵的結果。

【媽媽先知道】

種子需要陽光和空氣才能萌芽，孩子需要賞識和鼓勵才能茁壯成長。但是，並不是每一棵小樹都能健康茁壯的成長，只有精心地去呵護、去關愛，小樹才能成為棟梁之才。每個孩子都有自己的長處，每個孩子都有一顆渴求上進的心，每個孩子都渴望被賞識、被關懷、被鼓勵。多給孩子一些讚賞與鼓勵，多向孩子的心靈撒下愛的陽光，孩子才會感覺到溫暖。

第四節

讓孩子從小學會感恩

媽媽心態：愛孩子就要圍著孩子轉。

孩子狀態：不懂得付出，認為父母為自己所做的都是理所當然的。

有的父母對孩子總是放在手裡怕摔了，含在嘴裡怕化了，恨不得孩子要月亮也會去摘。反正只要是孩子的要求，不管有理還是無理，全部滿足，可是他們沒有意識到，正是這種百依百順助長了孩子的「囂張氣焰」，並使其逐漸養成了以自我為中心的壞毛病。

一位教育家曾在他的書中講過這樣一個故事：

有一位母親，她特別疼愛自己的女兒，只要是她女兒提出的要求，她都想方設法的滿足，但是她的女兒不僅不感激媽媽對她的愛，還覺得媽媽的百依百順是理所應當的事情。

有一次，女兒的學校舉行校外教學活動。活動的前一天，這位母親的心臟病發作了，身體很不舒服，她在家稍作休息後就到學校詢問校外教學要帶的東西。老師看到她的臉色很不好看，就問她是不是生病了，她說就是身體有點不舒服但是沒什麼大礙。老師把她的女兒叫到辦公室，告訴她媽媽生病的事並希望她放棄校外教學活動在家照顧媽媽。女兒很不高興，她想出去玩，可是她又不想讓老師對自己不滿意，就不情願地答應了。從辦公室出來後，女兒對這位母親大發雷霆，責問她為什麼要到學校把生病的事告訴老師，現在自己不能去校外教學活動了，都怪媽媽，她還狠狠地說媽媽是個惹禍精。

這位母親追在女兒屁股後面不停地解釋，她的女兒根本不聽，結果母親的心臟病又犯了。

這個故事很值得我們深思，難道對孩子來說，把自己視為掌上明珠的母親沒有比一次校外教學重要嗎？現在有很多孩子都是這樣，他們把父母對自己的好當作是天經地義的，父母就應該為他們做牛做馬；相反，他們根本就沒有關心過父母的生活，只知道從父母身上索取愛，卻不懂得給予父母愛。

然而我們在責怪孩子們自私的同時，也應該反思一下父母的行為。孩子的自私跟父母的行為有很大的關係。現在大部分家庭都是一個孩子，父母對這僅有的一個孩子是放在手裡怕摔了，含在嘴裡怕化了，全都當作寶貝一樣來養。他們往往自己捨不得吃捨不得穿，把省吃儉用存下來的錢全部用在孩子身上。他們溺愛孩子，恨不得孩子要月亮他們就去摘月亮，孩子要星星他們就去摘星星，反正只要是孩子的要求，不管有理還是無理，全部滿足，他們覺

得滿足孩子的各種要求就是愛孩子的最充分表現。可是他們沒有意識到正是他們的百依百順助長了孩子的「囂張氣焰」，使他們變本加厲，逐漸讓孩子養成了以自我為中心的壞毛病。

捏泥人大家都見過，一塊泥巴能捏成什麼樣完全在於捏的人，有時候孩子就像一塊泥巴，而父母就像捏泥的人。孩子畢竟還小，他們不懂得人情世故，父母教育得好，他們成長的就好；父母如果一味地放縱孩子，孩子長大後就不能成為一個優秀的人。父母疼愛孩子是人之常情，天底下有哪個父母不想讓自己的孩子幸福呢？愛孩子誰都能理解，關鍵是愛的方式對不對。我們經常從電視或者報紙上看到孩子長大成人後不孝順自己的父母，只顧自己的妻兒過的怎麼樣，對父母生活的如何隻字不提，有的甚至把年邁的父母趕出家門或者送到養老院去。聽到這種故事我們更多的是批評這種人忘恩負義、禽獸不如，但是有一點我們往往忽略了，這就是他們根本沒把父母為自己所做的一切當作是愛，他們認為父母就應該為孩子做任何事，而這些事不需要回報，所以他們就覺得自己不關心父母也不是什麼大不了的事情。

一位媽媽曾說過：「我非常愛自己的孩子，我每天工作忙得暈頭轉向，還要早起為他做一切事情，可是後來我發現孩子卻認為我為他所做的一切都是應該的，他根本不領我的情。有一次，我生病了，他上學前明明看見我在床上躺著，他放學回來後我仍然在床上躺著，他不僅不問我為什麼總躺著，是不是病了，而是把書包往床上一扔，只對我說了一句：『媽，妳別睡了，快起來做飯吧，我餓了！』當時我心裡真的很難受。」另一位媽媽也說：「我家孩子的某些缺點讓我很頭疼，比如說自私。我們全家人一起去飯店吃飯，她點了一盤自己愛吃的菜，就她自己吃，別人筷子都不能動。妳說她長大後可怎麼辦呢！」

很多父母都有上述類似的抱怨：「現在的子女真的是自私、冷漠，從來不考慮別人的感受，也從來不關心別人，就知道自己，他們長大後怎麼辦呀！」父母為了孩子幾乎付出了自己全部的心血，他們一輩子忙忙碌碌為了誰？難道是為了自己嗎？還不是為了孩子，讓孩子過上好日子，他們將全部的愛給了孩子，可是到頭來他們從孩子那裡得到的愛卻少之又少。其實，孩子自私的最根本原因還是在父母這裡，父母如果溺愛孩子，孩子一定會變得自私，以自我為中心。

下面是一個媽媽對自己孩子的描述：

我家明明五歲了，長得白白淨淨，特別可愛。明明平時總是笑嘻嘻的，大家都很喜歡他。

有一天，我家的一個遠親帶著孩子到我們這裡辦事，順便到家裡作客。大人聊天，小孩子們就一起玩。親戚家的孩子比我家明明大一歲，我想他們應該能玩在一起，就把孩子帶到明明的房間，讓他和明明一起玩玩具。親戚家住在農村，家裡也不怎麼富有，他們平常不怎麼給孩子買玩具，孩子見這麼多玩具自然特別高興。他剛拿起一把玩具槍，明明就跑過來一把把槍搶過來，大叫道：「誰讓你玩我的槍的，想玩讓你媽給你買，這是我的！」

親戚的孩子沒說話，後退了幾步，不小心踩到了明明的小汽車，這下明明大哭起來：「媽媽！哇……哇……他踩我的車！媽媽！」我聞聲趕忙跑過來，問是怎麼回事，明明哭著說親戚的孩子踩他的小汽車，越哭越厲害。親戚也跑過來，一看這種情況，就打孩子的屁股，孩子也哭了。親戚說要賠小汽車，我怎麼能這麼做，連忙說：「不用不用！也沒壞！」親戚說：「我們還是回去了，給你們添麻煩了！」我說：「別！大老遠來了，怎麼也要吃頓飯呀！」親戚推辭了，帶著孩子走了。他們走後，我狠狠地教訓了明明一頓。

還有一次，我帶著明明出去玩。鄰居張奶奶買菜回來看見我們就給了明明一把紅棗。明明把紅棗放在自己小車的車筐裡。這時，鄰居小孩兒麗麗對著明明跑過來，她看見明明有紅棗就伸手去拿，誰知明明上去就要搶回來。我連忙抓住他的手說：「明明，把紅棗分一些給小麗好嗎？有好吃的要分給小朋友，才是好孩子！」「我不！」明明倔強地說。後來，他還跟我生氣，說我不愛他。孩子這麼自私真是沒辦法！

由於父母，尤其是媽媽們，對孩子有求必應，不加限制地滿足孩子的願望，導致孩子養成「以自我為中心」的壞毛病。他們往往有好吃的自己吃，有好玩的自己玩，好像世界上所有的好東西都必須是自己的。他們習慣於父母給予自己的特殊優待，不僅認為父母對自己好是理所當然的，還認為身邊所有的人都應該對自己好。他們對自己的自私自利不以為然，從不知道要回報他人，也不會關心他人。雖然父母可以對孩子付出全部的愛，但別人是不會這樣做的，如果孩子從小養成什麼事情都「以自我為中心」，覺得別人對他的好都是應該的，這樣的孩子長大後是很難在社會上立足，會吃大虧。

以下是一些幫助孩子改正自私的方法，媽媽們可以借鑑一下：

1.創造分享的家庭氣氛。

如果孩子有獨自享用美食的習慣，媽媽就要注意了。應該把食物分開，不能一味地縱容孩子吃獨食，要告訴孩子好吃的東西大家都喜歡，必須學會與別人分享。如果孩子大哭大鬧，媽媽也不能心軟，只有堅持到底，孩子的毛病才能改正。

2.拒絕孩子的不合理要求。

對於孩子的合理要求，媽媽們可以滿足，對於不合理的要求，堅決不能滿足。此外，更不能讓孩子養成「說風就是風」的習慣，對於不能即時滿足的要求，要讓孩子學會等待。如果孩子又哭又鬧，媽媽們也要堅持到底，不能替給孩子留有餘地。一旦媽媽們妥協了，孩子就會認為妳們好哄，下次他還會哭鬧。

3.讓孩子學會關心他人。

媽媽可以故意製造一些對孩子進行教育的機會，讓孩子認清自私自利的人不受大家歡迎，只有懂得關心他人、樂於助人的人才能獲得大家的喜歡。教育孩子在與小朋友相處時要懂得謙讓，多關心父母和他人。

4.父母要以身作則。

父母的行為對孩子有很大的影響。父母在生活中無論如何都要互相關心、孝敬長輩，給孩子樹立榜樣。久而久之，父母的行為方式就會影響和感化孩子。

【媽媽先知道】

當然，對於有「以自我為中心」傾向的孩子也不是完全沒救了，媽媽們不要感到絕望，辦法還是有的。儘早發現孩子身上的缺點未嘗不是件好事情，早發現早幫助他們改正。

第五節

撫慰是最好的「療傷藥」

媽媽心態：該打就打，該罵就罵，下次就長記性了！

孩子狀態：養成條件反射般的抵觸心理。

撫慰孩子那顆恐懼的心需要一定的時間，媽媽需要具備耐心與信心，多給孩子一些愛撫，多向孩子講述一些人生的道理，有意識的鍛鍊孩子獨立的生活和社交能力。

一般來說，一個小家庭就是一個小團體，一家人在一起生活，如果不能經常溝通和交流，漸漸地就會疏遠和有隔閡了，這樣一來，便容易產生矛盾。尤其在媽媽和孩子之間，這樣的交流是非常必要的。

在孩子年齡還小的時候，他喜歡和媽媽待在一起，並且喜歡將自己的想法告訴媽媽。可是，當孩子一旦有了較強的自我意識，個人的世界就會逐步成型，他便會把很多事情藏在心裡，不願意和父母分享。這就是媽媽和孩子產生「代溝」的時期。在這樣情況下，媽媽最好

能主動找孩子說話。如果妳經常看到孩子悶悶不樂地坐著看電視，或者一回家就待在自己房間裡，妳就應該主動的和孩子進行溝通，問問孩子最近有沒有想和自己分享的生活趣事。如果孩子仍沉默不語，妳就試試和他聊聊他日常感興趣的話題。只要能把話匣子打開了，他也許很快就能向妳敞開心扉了。

「兒子，最近你好像有心事，能和媽媽說說嗎？」

「媽媽，我總覺得國中沒有國小有意思，雖然我花費了很大的精力，可是成績還是不能提高。」比爾終於說出了自己的心裡話。

媽媽感到很驚訝，孩子那麼優秀，怎麼會覺得學習沒有意思呢？可是她沒有急於對孩子講國中知識的重要，而是像往常一樣站在孩子的角度，去思考他的難處。她對比爾說：「你的心情媽媽能夠理解，努力學習，成績卻沒有即時提高，這使你沒有了過去的優越感和自豪感，心裡一定不好受。我想，大概是你還沒有適應國中的學習，因此會覺得沒意思，是這樣嗎？」

「是的，媽媽，我現在的學習成績沒有以前好，妳一定不喜歡我了吧？」比爾瞪著眼睛望著媽媽。

媽媽把兒子摟進懷裡，用親切的目光注視著他，說：「孩子，你永遠是媽媽的最愛。請記住，無論你的學習成績好或壞，媽媽都同樣愛你！再說，成績並不能代表知識，而媽媽希望你成為一名有知識的人。」

媽媽認為比爾的關鍵問題是失去了自信，只要重新喚回他的自信心，兒子就一定能迎頭趕上。媽媽經常為比爾指出一些他想不到的問題，不斷鼓勵兒子，以增強孩子的自信心。

比爾在媽媽的指導下，對自己能學好國中的知識充滿了自信心。學習成績很快提高了，又變成了從前那個活潑開朗、能言善辯的比爾。

比爾的媽媽在發現孩子學習成績不好時，並沒有批評孩子，而是給予孩子心靈的撫慰，對孩子表示理解與支持，然後再分析問題的根源，採取正確的方法幫助孩子恢復了在學習上的自信，使孩子信心百倍地投入在學習之中。真心的撫慰能夠讓孩子明白，無論在多麼困難的情況下，媽媽永遠是他最安全、最溫暖的港灣。也會讓孩子知道，人生中再大的苦難與挫折也終有過去的那一天，不要擔心自己在獨行，媽媽會時時刻刻站在背後支持、關心他。

其實做為孩子，他們也並不希望與父母有隔閡和矛盾。很多時候就因為媽媽不瞭解他，而他就會對媽媽的關心產生恐懼感和厭倦感。如果媽媽能夠主動消除這些感覺，孩子還是非常願意交流自己內心想法的。但這也有前提，那就是媽媽能夠像朋友一樣理解他。有些時候，孩子之所以悶悶不樂，也許是害怕媽媽聽了不高興，把他數落一頓。

孩子的學習成績毫無疑問是每個家庭、每個媽媽最關心的事情之一。大多數的媽媽把分數當成孩子成長道路上唯一的標準，一旦孩子考試沒考好，就如同天塌下來一樣。不可否

認，分數固然重要，但訓斥、失望或施壓又有什麼用呢？撫慰妳的孩子，告訴孩子為什麼要學習，怎樣去學習，給他支持，給他自信不是更好嗎？

當媽媽發現孩子成績不好的時候，先不要妄加評論，應該站在孩子的角度，對孩子的心靈給予親切的撫慰，讓孩子願意向妳傾訴他的心聲，找到成績下降的根源，進而引導他想出解決問題的辦法，最終孩子的成績才會提高。

海海性格內向，膽小羞澀，到了幼兒園也不敢和別的小朋友說話，更別說和他們一起玩。海海很難適應幼兒園的新環境，這讓媽媽很煩惱。

每當下課的時候，海海總是一個人抱著球，站在遠遠的地方看著其他小朋友玩。為此，老師經常找他的媽媽談話，希望能幫助海海盡快適應新環境。

無奈的媽媽找到了心理醫生，媽媽按照心理醫生的建議對孩子加以教導，她對海海說：「寶貝，我知道妳不敢和小朋友們玩。其實，老師和小朋友們都很喜歡妳，妳試著跟他們一起玩，一定會非常快樂的！」

「媽媽，我害怕和別的小朋友吵架！」海海怯生生地說。原來，海海曾經和一個小朋友因為氣球發生過爭吵，從此在她的心靈裡就留下了裂痕，她擔心與其他小朋友無法相處。

「妳明天試試，小朋友們都很可愛，不會和妳吵架的！」媽媽鼓勵她。

在幼兒園裡，老師也幫助海海走入小夥伴們的中間。有時她慢慢地走向小夥伴，有時小朋友們主動來找她玩，海海漸漸感受到了與他人接觸的快樂。

每個孩子在成長的不同階段都會有不同的恐懼心理，媽媽應該耐心撫慰，不應對孩子置之不理或大聲訓斥，那樣只會使情況變得更糟。撫慰膽小受驚嚇的孩子，最好的辦法是輕輕地拍拍他或者緊緊地抱抱他，讓孩子感受到妳的支持和信任，這樣做會讓他感到安全與溫暖。幫助孩子克服恐懼，這對孩子的健康成長具有極大的好處。

做為媽媽，應該有意識地要求自己和孩子「說說話」，主動一點，給予孩子適當的誘導，就相當於給了孩子一個表達自己想法的機會。讓他的傾訴慾望得到滿足，讓他有機會發洩自己心中的不滿，訴說自己內心的苦惱，這對孩子的心理健康也是很有好處的。

除此以外，媽媽要讓孩子感受到自己持久的關心。如果媽媽從不主動問孩子，孩子怎麼能感受到媽媽的關心呢？他是不是會在想，媽媽對我不關心了。

不時要用輕鬆平和的語氣邀請孩子跟妳說說話。對於孩子來說，就能真切地感受到來自媽媽的關心。孩子一旦瞭解了媽媽有關心自己的慾望和興趣，就不會再和媽媽保持距離了。時間久了，儘管妳不再說那樣的話，在他心裡也能明白妳對他的關心。在這樣的家庭氛圍裡，孩子能夠獲得更健全的人格，生活更加快樂。

主動和孩子交談，也是妳把自己的想法傳達給孩子的一個很好的途徑。其實，並非每一次的談話都要正襟危坐，完全可以在輕鬆活潑的聊天中，把自己對孩子的要求、期望、生活

中應該注意的事項，不經意地告訴他。當妳不再是一種家長式的教育在對待孩子，孩子反而更能認可妳的觀點和建議。

在這裡需要注意的是，要求妳和孩子「說說心裡話」，而不是強調孩子對妳的建議和想法的執行。如果妳需要徵求孩子的意見，如果他實在是不願意說，比如心情實在是很糟糕的時候，不想應付任何人的時候；比如他需要時間安靜的時候，一定要表示理解，強迫孩子只會使孩子感到反感。

【媽媽先知道】

一聲親切的關懷，一次輕輕的撫摸，一個溫柔的微笑，都是對孩子受傷心靈的撫慰。媽媽那顆充滿愛的心，就像是一根魔法棒，能撫平孩子心靈上的創傷。如果媽媽用真愛打開孩子那扇緊閉的心窗，孩子一定會快快樂樂地成長進步。

第六節

讓孩子的自信心一天天壯大

媽媽心態：孩子怎麼又惹禍了？真讓人不放心！

孩子狀態：缺乏信心，只會低頭做人。

在一個人還是孩子的時候，如果媽媽一直提醒他——你是天下最優秀的，你的失敗是暫時的，再做一次肯定會成功的，這在事實上就是鼓勵孩子不要放棄，也是在培養孩子的自信心。

許多媽媽一直都想讓孩子成為最出色的人，卻不允許孩子們用不同的方法去發現自己的能力，這其實是懷疑他們的能力，限制他們的發展。比如，當四歲的孩子要幫媽媽包餃子時，媽媽經常奪過孩子手中的工具，「小寶貝，妳會把麵粉弄得滿身都是的。」為了不使麵粉弄髒孩子的衣服，結果使孩子的自信心破碎。

孩子們努力去發現自己的長處和能力，他們總想試著做這做那，好奇心驅使他們一次次

地接受挑戰，他們會跟在大人身後，妳做什麼，他就去做什麼。可是媽媽卻在潑冷水。

當五歲的孩子自己穿衣服的時候，媽媽說：「穿錯了，穿反了。」當他們自己吃飯時，媽媽卻說：「看你把衣服弄得多髒。」媽媽把勺子拿過來，餵他吃。當孩子要洗碗時，媽媽說：「別把湯勺打碎了。」當他們要幫忙拖地時，媽媽說：「算了，你還小，你會把自己弄得濕答答的。」媽媽把拖把奪過來，讓孩子茫然地瞅著媽媽自己拖。就這樣，媽媽讓孩子看清楚了自己是多麼的不行。

日常生活中，媽媽應該給予孩子更多的信任，由自己的信任轉化為孩子的自尊、自信，孩子碰到不順利的難事時，有時候會畏縮不前，表現出害怕和懦弱的樣子，此時，媽媽也要有自信的態度，和孩子一起去爭取成功，充分享受成功帶來的喜悅。

「媽媽，弟弟今天又惡作劇，被老師點名批評了。」博比又告弟弟的狀了。

「這孩子，總是惡作劇被老師批評，該怎麼辦呢？」博比的媽媽為兒子發愁。

博比七歲的弟弟利比十分頑皮，在學校總愛惡作劇，有時竟在課堂上逗得同學們哈哈大笑，影響了正常的教學秩序。為此，老師多次把利比的媽媽請去，希望能找到一個好的方法幫助利比改掉這個壞毛病，可是都無濟於事。

實在沒有辦法，媽媽便去請教了心理醫生，心理醫生向她推薦了賞識教育法。今天，利比的媽媽便打算開始實行。

利比放學回家，鬼鬼祟祟放下書包就要走，媽媽很快攔住他，把手放在利比的肩上，親切對他說：「利比，告訴媽媽，今天在學校裡發生了什麼事？」

利比覺得媽媽今天和以往不一樣了，很吃驚，可是他看著媽媽放出那雙真誠的目光，也就鼓起勇氣大膽地說了：「我上課的時候，發現鏡子對著太陽光可以把影子映到黑板上，於是就玩了起來，沒想到正好照到了老師的眼睛，老師就發怒了。」

利比說完後，往後退了幾步，生怕媽媽再打他。媽媽來到利比身邊，蹲下身子，親切地對他說：「利比，你的頑皮、惡作劇都有獨創之處，這說明你是個聰明的孩子，能想出這種惡作劇的孩子，按理來說功課一定很好。」

利比被媽媽逗樂了：「媽媽，妳沒搞錯吧，像我這種孩子不受批評就不錯了，還能當得了好學生？妳是在笑話我吧！」

媽媽見利比對自己沒有信心，便給他鼓勵：「相信自己，一定可以的！」

從這以後，媽媽多次讚美利比的聰明，並給他鼓勵，漸漸地，利比的學習成績上升了，他對自己也越來越有信心了。

自信是成功的基石，是一個人對自身力量的認識和充分估量，是孩子成長過程中的精神核心，是一種良好的心理狀態，也是一個人克服困難、自強不息、取得成功的內動力。誰擁有自信，誰就有了一半的成功。如何在家庭中培養孩子的自信心呢？事實證明，能力再有欠

缺的孩子也有自己的「發光點」，利比的媽媽就是從孩子的優點入手，即時地給予讚美和肯定，不斷強化他積極向上的態度，從此，利比對自己重新建立了信心，開始努力學習。

許多家長對孩子採取過分保護措施，使孩子對環境產生恐懼感，進而影響他適應環境的能力。比如孩子摔倒時，大人不要大驚小怪，如果我們不去扶他，他自己會爬起來；如果大人立刻扶他、哄他，甚至指責讓他摔倒的地方，他就覺得非常委屈。對於媽媽來說，最大的信任、必要的指導、最低程度的幫助是培養孩子自信心的最佳方法。一個人能否征服自己、超越自我、取得成功，其自信、樂觀的人生態度發揮著關鍵作用。因此，媽媽必須讓孩子擁有自信，這樣才能讓孩子更健康的成長。

一八八八年十一月七日，在印度南部馬德拉斯省的特里奇諾波利，亞洲第一個諾貝爾獎得主，與甘地、泰戈爾和尼赫魯齊名的大科學家C. V. Raman拉曼來到了人間。父親Chandrasekhara Aiyar是維察卡帕坦姆A. V. N學院的數學和物理教授。

小拉曼是一個智力過人的孩子，從小就受到濃厚的學術氣氛薰陶，喜歡探索自然界中的神秘現象，並且得到了母親極大的支持和鼓勵。拉曼的母親是一個具有良好教養的人，她懂得孩子品德的培養對未來事業有著決定因素。她更清楚，母親對孩子的培養在某些方面是發揮主導作用。拉曼的自信心和強烈的個性就得益於母親。

懂事後，小拉曼醉心於科學研究中的嚴密推理思維和設計巧妙的實驗方法，學習特別努力，很快就結束了中等教育，進入馬德拉斯省立學院攻讀大學學位。他只用了兩年時間，就以第一名的成績通過了文學學士考試，同時獲得物理學金質獎章。十九歲那年又得到了碩士學位，贏得很高榮譽。

媽媽應該為孩子營造一個良好的家庭氛圍，讓孩子生長在充滿活力、溫馨宜人的家庭中，使孩子隨時能夠感受親情、感受溫暖，這樣才能促進孩子的健康成長。有研究表明，當孩子處於輕鬆愉快的狀態時，記憶會增強，聯想會豐富，學習效率會大大提高，學習潛力可得到發揮。家長能否讓孩子學會正確對待自己、正確評價自己，使孩子產生責任心和使命感，與家長自身的學識是否淵博有直接關係。從上述案例來看，拉曼的成功與母親的教育十分有關。

自信對任何一個人的人生發展所發揮的作用，無論是在智力上還是體力上，或是處世上，都有著基石性的支持作用。因此，媽媽要善於鼓勵孩子，讓他們相信自己的能力。自信心是人生發展和成功的心理基礎，又是能力和意志的催化劑。對於大多數孩子來說，正常的智力加上高度的自信，就能取得成功。而媽媽溺愛孩子，或者輕視孩子的創造性，就會扼殺孩子的自信心。當孩子剛對自己有信心時，媽媽要學會保護和加以培養。因為孩子的信心處於萌芽狀態中，常常脆弱不堪，稚嫩柔弱，他就像一棵小樹苗，需要媽媽細心的呵護，不斷地澆水、施肥，才會健康茁壯的成長。

【媽媽先知道】

孩子的自信心需要從小激發和培養。在孩子第一次向媽媽要求完成一件事情的時候，媽媽就應該特別的重視，因為這是孩子自信的萌芽。此時，媽媽要尊重孩子的意願，保護他的積極性，讓他開始自己人生中的第一次主動「嘗試」，並盡力使他獲得成功，千萬不要吝嗇這樣的機會。即便是嘗試失敗，也應該鼓勵孩子，幫助他樹立信心，使他堅持不懈地求上進。

第七節

孩子也需要「面子」

媽媽心態：在別人的孩子面前貶低自己的孩子，在自己的孩子面前誇獎別人的孩子。

孩子狀態：自尊心受到傷害，覺得什麼都不如別人。

生活中有很多媽媽在教育孩子方面有一個致命的缺點，那就是喜歡拿自己的孩子和別人的孩子做比較，在別人的孩子面前貶低自己的孩子，在自己的孩子面前誇獎別人的孩子。然而媽媽們卻沒有意識到這種方法不但不能使孩子進步，還會嚴重傷害孩子的自尊心。

自尊心是所有人都具備的性格特徵，是一種個人維護自我人格尊嚴，不受他人侮辱和貶低的心理狀態。成年人都希望得到他人的尊重，都清楚自尊心受到傷害的滋味。其實小孩子的自尊心在某種程度上比成年人的更強。成年人經歷的事情較多，相對於孩子來說有較強的自我調節情緒的能力，受到傷害時可以做自我調節，傷痛感也相對容易恢復。

然而孩子由於年齡小，心理承受能力差，比較脆弱，自尊心極易受到傷害，並且比較難恢復，有的孩子甚至一蹶不振，所以孩子的自尊心更應該受到保護。孩子們的可塑性較強，他們往往會因為一句鼓勵的話歡天喜地，也會因為一句批評的話自暴自棄，有時候家長和老師不經意的一句話，也許就會嚴重地傷害到孩子的自尊心，就使孩子產生消極的情緒。

李敏有個女兒叫欣欣，今年上國小四年級。有一次，李敏的姐姐要到外地出差幾個月，由於時間比較長，就把同樣上國小四年級的女兒貝貝交給她照顧。這麼一來，貝貝每天放學都到李敏家住，與欣欣一起寫作業、吃飯、玩耍。欣欣生性好動，總是坐不住，學習時還常常走神，一會兒摳摳這兒，一會兒摸摸那兒；貝貝文靜穩當，做作業時總是專心致志，從不三心二意。

貝貝的學習成績比欣欣的好很多，李敏看貝貝這麼聽話，自己的孩子卻這麼淘皮搗蛋不好好學習，不由得著急起來。一天，兩個孩子放學回到家中，貝貝就到屋裡開始寫作業，欣欣卻打開電視機看起動畫。

李敏看到這種情形氣得火冒三丈，「啪」的一聲關上了電視機，大聲說道：「快去寫作業！」欣欣撇了撇嘴進屋寫作業去了。

大約過了五分鐘，欣欣又跑了出來，大聲喊道：「媽媽，媽媽，我餓了！」李敏真的氣急了，吼道：「趕緊去寫作業，寫不完妳就別吃飯了！」結果吃飯前，欣欣沒有寫完作業，李敏真的沒讓孩子吃飯，欣欣委屈地哭個不停，最後還是爸爸為她說了好話。

轉眼到了期末考試的時間，貝貝每科成績都很優秀，都在九十七分以上，而欣欣卻只有九十分，有一科還考了八十幾分。李敏看到姐姐的女兒如此優秀，自己的女兒卻這麼差勁，她沒能控制住自己的情緒，對欣欣大發脾氣，還說了許多不該說的話，比如「妳真是笨死了，不知道妳像誰了這麼笨！」、「考這麼低分，以後看妳怎麼考大學，考不上大學妳就要飯去吧！」、「妳看看貝貝，比妳強多了，妳自己覺得好意思嗎？」李敏沒完沒了的數落欣欣。

貝貝在一旁看著李敏和欣欣，這一次李敏真的傷到了孩子的自尊心，欣欣心裡非常難受，也感到很沒「面子」，心想，自己也許真的是個笨蛋。從那以後，欣欣每天都不怎麼說話，更不理李敏和貝貝，她還在自己的練習本上寫道，我恨妳們！我討厭媽媽！李敏看到孩子寫下的話傷心極了，對自己之前的做法有些後悔，她哄欣欣，欣欣卻狠狠地說：「妳不是我媽媽，我討厭妳！」

李敏的做法確實不妥當，孩子的自尊心一旦受了傷就很難修復，如果她能選擇正確的方式，心平氣和地教育欣欣好好學習，結果就不會是這樣。所以，媽媽們不要隨便拿別人的孩子與自己的孩子做比較，因為每個孩子的性格都不相同，他們各有千秋，誰也不能肯定地說某一種性格絕對得好或者不好。

所有的孩子都有自己的優點也有自己的缺點，他們有自己擅長的方面，也有不擅長的方

面，難道例子中的貝貝就沒有缺點嗎？一定有，只是李敏沒有看到而已。

媽媽們如果總是用別人孩子的優點和自己孩子的缺點相比較，那麼在妳們眼中自己的孩子永遠都是最差的。而且媽媽們應該注意，即使自己的孩子做的不對，也應該私下進行教育，告訴他怎麼做才是正確的，當著別人的面疾言厲色地批評和貶低孩子，不但解決不了問題，還會適得其反，損傷孩子的面子，這樣對孩子沒有半點好處。

曉琳的侄子叫小傑，學習成績一直特別優秀，今年他被保送到大學唸博士班。其實小傑在考試時沒有發揮出平時的水準，成績不是自己想像中的那麼理想，當時很多老師和同學都替他惋惜，甚至還有人幸災樂禍。那時的小傑心情很低落，但是他沒放棄，大學四年一直保持全系第一名的好成績，還在各項比賽中獲得了優異的成績，所以畢業時就被保送了。

當小傑得知這個好消息後，心情萬分激動，於是他有感而發，在自己的部落格上寫了一篇日誌，講述了自己這些年的經歷。曉琳和自己的兒子小宇一起看小傑的這篇日誌，看著看著，曉琳哭了，還唉聲嘆氣地說自己的孩子怎麼就沒有小傑有出息。

媽媽不經意間的舉動和話語深深地傷害了兒子小宇，兒子沒說什麼默默地走出了房間。幾天來小宇都悶悶不樂，他也覺得自己沒用，後來小宇迷上了網路遊戲，整天坐在電腦前玩，曉琳喋喋不休地責備兒子，還動不動就提起小傑的事情，終於有一天小宇氣急敗壞地對媽媽說：「我就是這麼沒出息，妳愛怎麼說就怎麼說吧！」

又是一個拿自己孩子與別人孩子做對比的反面例子，其實生活中這種例子舉不勝舉。媽媽們應該警惕，注意教育孩子時的說話方式，不要連自己傷害了孩子的自尊心都全然不知。

此外，有些媽媽經常嘲笑自己孩子的缺點，這種做法對孩子的打擊是最大的。媽媽們有時候會這樣說：「我看你什麼事情都做不成，就是一個笨蛋！」、「你連這麼簡單的知識都不懂，真是讓人笑掉大牙，我都替你丟臉！」等等。我相信媽媽們一定不會看不起自己的孩子，她們的初衷一定是想激勵孩子，讓孩子改正缺點，但是她們確實選錯了方式。

孩子做錯事情的時候，心情本來就很沮喪，他們更多的是希望媽媽給予自己安慰和鼓勵，這時媽媽不但不安慰孩子，還嘲笑孩子的缺點，責備孩子的不是，孩子自尊心就會受到極大的傷害，他們會感覺自己的尊嚴受到了屈辱。

連自己的媽媽都看不起自己，誰還能看得起自己，孩子就會對周圍的一切感到失望，消極心理一旦產生，他們也許會變得萎靡不振。

研究發現，小時候受到父母嘲笑和譏諷的孩子，長大後會變得膽小怕事，缺乏自信，做起事情來前怕狼後怕虎，沒有魄力。嘲笑孩子缺點的後果是不可想像的，輕者使孩子自暴自棄，抱著一種「破罐子破摔」的態度做事；重者使孩子產生報復心理，走上犯罪的道路。這絕不是危言聳聽，現實生活中確實有這樣的案例發生。

媽媽們究竟應該怎麼做才能發揚孩子的優點，彌補孩子的缺點和不足呢？答案有兩點：

第一是讚揚孩子的優點，鼓勵孩子改正缺點；第二培養孩子的自尊心。

在「讚揚孩子的優點，鼓勵孩子改正缺點」這方面，媽媽們應該做到盡可能地多發現自己孩子身上的優點，並加以適度的讚揚，給孩子一種「自己並不比別人差」的感覺，這樣做會增加孩子的自信心，從正面激發孩子前進的動力。

誰都喜歡聽到別人讚揚的話，孩子們更是這樣，他們往往吃軟不吃硬，處在青春期的孩子尤其喜歡和父母作對，這時媽媽們如果能給予孩子積極的讚揚，會發揮事半功倍的作用。對於孩子身上存在的缺點和不足，媽媽們應該盡量避免使用咆哮式的責罵方式，而是應該心平氣和地指出孩子在哪些方面做得不對不好，並幫助孩子改正缺點，這才是對孩子最大、最積極的幫助。

在「培養孩子的自尊心」這方面，媽媽們應該注意以下兩個問題：

1.不要有意無意的傷害孩子的自尊心，打擊孩子的自信心。

媽媽們無論是有意的或者是無意的傷害孩子的自尊心、打擊孩子的自信心都是不對的，也是不應該的。孩子在遇到難處時，最需要媽媽的幫助和關心，關鍵時刻媽媽的一句話可以挽救一個孩子，也可以毀掉一個孩子。自尊心受到傷害會使孩子變得自卑，總認為自己做什麼事情都不如別人，抱著消極態度長大的孩子不但感受不到人生的快樂，日後也很難獲得成功。

2.不要在別人面前批評孩子。

很多媽媽都有一種錯誤的觀點，她們認為在別人面前批評孩子可以更快更有力地促使孩子改正缺點。她們急於幫助孩子糾正錯誤，卻忘了考慮孩子的感受，傷害了孩子的自尊心，結果孩子的缺點不但沒有改正，還使孩子對自己產生了懷疑，形成消極情緒。媽媽們應該關起門來獨自教育自己的孩子，沒有別人在場，即使媽媽批評的話語重了一些，也不至於產生不可收拾的後果，當然，媽媽在批評孩子的時候應該講究方式方法，不要隨心所欲地對孩子放狠話。

媽媽們一定要切記，孩子年齡雖然小，但是他們也和大人一樣是個有獨立人格、有尊嚴、有思想的人，任何人即使是父母都不應該踐踏他們的自尊心。

教育孩子是一門學問，需要一定的方式方法，採用不正當的刺激方式，不但不能使孩子按照父母預想的方向發展，還會造成某些不可想像的嚴重後果。孩子無論在任何時候，遇到任何問題，父母都應該給予孩子正面的、積極的引導和幫助。

【媽媽先知道】

媽媽們如果總是用別人孩子的優點和自己孩子的缺點相比較，那麼在妳們眼中自己的孩子永遠都是最差的。而且媽媽們應該注意，即使自己的孩子做的不對，也應該私下進行教育，告訴他怎麼做才是正確的，當著別人的面，疾言厲色地批評和貶低孩子不但解決不了問題，還會適得其反，損傷孩子的面子，這樣對孩子沒有半點好處。

4

樹大並非自然直，好孩子是教出來的

第一節

家庭環境對孩子成長至關重要

媽媽心態：找個好學校比什麼都重要。

孩子狀態：糟糕的家庭環境嚴重影響了學校教育的成效。

對孩子的成長、發育影響最直接、最持久、最深刻的是孩子所處的家庭環境。這是因為家庭環境是孩子出生後所接觸的第一個環境。同時，孩子大約有三分之二的時間是在家中度過，與家庭成員的關係也是最密切的。

人人都知道，家庭是孩子成長的第一環境，是孩子成長、發育的第一所學校。因此，家庭環境對孩子成長的影響是決定性的，有什麼樣的家庭環境往往就會造就什麼樣的孩子。換句話說，良好的家庭環境是孩子成長的重要載體。正因為如此，媽媽必須用自己最大的努力，為孩子們塑造一個良好的成長環境。

建立一個良好的家庭環境對於孩子的健康成長尤為重要。也許有人會說：「我的經濟能力有限，很難為孩子創造出特別優越的家庭環境。」其實，良好的家庭環境並不意味著擁有人人羨慕的硬體條件，只要是溫暖的、幸福的家庭都會促進孩子健康的成長。

猶太父母非常注意家庭環境的營造。儘管猶太民族在四五千年的歷史中，絕大多數時間都過著顛沛流離的生活。但是，每對猶太父母都竭盡全力地給孩子營造出溫暖、幸福、和諧的家庭氛圍。在他們的眼中，培養自己孩子成材的最重要條件就是良好的家庭環境。

以色列人非常注重家庭生活，每個工作日的夜晚，大多數猶太人都要待在家中，在家裡用餐幾乎是天經地義的事。一直以來，每個週五安息日的夜晚，猶太人都要闔家團聚在一起，點上蠟燭，共用美味佳餚。雖然緊張的現代生活使得人們吃的越來越簡單，但是到了週五晚上，豐盛的猶太晚餐依然是必不可少的。

根據猶太教法，在安息日這一天的夜晚是不允許工作的。猶太人自古便發明了一種長時間燉煮的菜餚。他們將肉、菜豆、胡蘿蔔和馬鈴薯等放在爐火中慢慢煮，從週五開始，一直慢慢熬燉到週六的中午。週五下午，所有的猶太商店都會早早地關上門，全家人聚在一起度過美好的家庭生活。因此，絕大多數猶太孩子從小都是在溫暖的家庭中長大的。家的意義從小就深入他們的內心深處，長大後，無論走到哪裡，他們心中都有根。

世人往往只看到大多數猶太人的富有，但很少注意到猶太人的富有是有原因的。他們不僅是從小接受金錢的教育，更重要的是，每一個猶太孩子都成長在幸福的家庭中，接受最真切的家庭教育。他們的富有並不是天賦，而是家庭孕育的。

在孩子的成長路上，他接觸的家庭環境就是他最直接的學習對象。因此，不同的家庭環境，決定了孩子不同的未來和不同的發展方向。

明末清初，正值各地讀書人紛紛進京趕考的時節。一位讀書人欲趕赴京城參加考試，偏偏在這個時候，自己懷孕的妻子正要臨盆生產。

讀書人心想，要是留妻子一個人在家，萬一臨盆生產，沒有人照顧的話，很可能母子不保。另外，自己趕赴京城的路上也會一直惦記妻子。所以，他便帶著妻子與自己一同上京，希望能在路上照顧她。

因為路途遙遠，一路上舟車勞頓，也不知是否是動了胎氣，還是肚子裡的孩子急著想早點出來。妻子竟然在半路就開始肚子疼，眼看就要生產了。

可是，這段路的住家極為稀少，走了好遠才找到一處人家。讀書人趕忙上前去敲門。這戶人家的主人以打鐵為生，正巧鐵匠的老婆也正準備生產。讀書人的運氣還真是好，接生的產婆正好也可以為他的老婆接生。

過了沒多久，讀書人的妻子和鐵匠的老婆各自生下了一個男孩，母子都平安無事。神奇的是，兩個男孩竟是同年同月同日同一個時辰出生的。

一轉眼，十八年過去了，讀書人和鐵匠的兒子都長大了。讀書人的兒子繼承父業，考上了秀才。讀書人大喜之餘，想起了鐵匠的兒子與自己的兒子生辰八字是一樣的，想必他也是個秀才了。

想起當年，鐵匠一家人收容自己的老婆臨盆之恩，讀書人便準備了各種禮物，專程趕往鐵匠的家中答謝，也準備向鐵匠的兒子道賀高中之喜。

等到了鐵匠的家中，只見老鐵匠坐在自家的門前吸菸，屋裡站著一個年輕小夥子，赤著上半身正忙著打鐵。讀書人將禮物送上，並問老鐵匠的兒子去哪裡了。老鐵匠指著屋內的小夥子說：「他不就在那裡嗎？」

讀書人詫異地說：「他？這可奇怪了，按命理來說，我們的兒子生辰八字都一樣，理應此時都是秀才才對呀？」

鐵匠大笑：「我兒子從小就跟著我打鐵，大字也不識得一個，拿什麼去考秀才呀？」

從這個小故事我們就可以看出，良好的家庭環境對於孩子將來的發展是何等的重要。良好的家庭環境主要包括愛的氛圍和智力的氛圍兩種。愛的溫暖給孩子的全面發展提供了一個良好的心理成長環境，甚至可以讓那些智力低下的孩子也能大大地提高智商。家庭中愛的氛圍是催化孩子智慧之花茁壯成長的陽光，也是孩子個性健全發展的營養劑。

有一對父母接女兒放學回家，車開到半路，兩人不知為何吵了起來。兩個人越吵越兇，他們乾脆把車停在路邊討論起了離婚的事。五歲的女兒坐在後排嚇得不敢說話。

過了一會，媽媽忽然發現女兒居然坐在後排畫起了畫：兩個大人冷冷地對立，中間躺著一個小孩兒。

「地上的小孩子怎麼了？」媽媽問孩子。

「死了！」孩子說。

「這個小孩子是誰？」

女兒低頭喃喃地說：「是丫丫。」

「妳怎麼會死了呢？」媽媽問。

沉默了一會兒，孩子說：「因為爸爸媽媽每天只知道吵架、離婚。」

父母倆驚愕地看著對方。原來在女兒的班級上，她看見那些單親的孩子總是鬱鬱寡歡，她害怕自己也像他們一樣。因而覺得父母吵架、分手後，自己就好像被丟在了荒野上，等待著死亡。

丫丫在無意間用一幅畫來洩露了她的心聲，也讓父母即時警覺：孩子在成長的路上，最需要的就是安定、安心、安全的成長環境與父母完整的愛。當著孩子的面，爸爸媽媽一定不要頻繁吵架，家庭成員之間的關係也不能過於緊張，要相互信任與體貼，以免給孩子的精神上帶來陰鬱與苦悶。

家庭的智力氛圍，就是父母對知識的興趣和追求，以及父母平時說話時的談吐等等。這一切，看似與孩子的成長無關，但是卻對孩子的智力發育發揮著重要的作用。古人說，木匠的孩子早識繩墨；將軍的孩子早識兵器；農民的孩子早識秧苗。可見家庭的智力氛圍對孩子智力的發育，如同像春雨一樣對孩子發揮著一種「隨風潛入夜，潤物細無聲」的作用。

無論是歷史上，還是現代社會，無數的事實證明為了孩子營造適合其成長的家庭環境，是父母所無法推卸的責任。因此，媽媽們應當立刻行動，為妳的孩子創造溫馨的家庭環境。

當然，孩子的成長環境不僅包括家庭環境，還包括學校環境，尤其是學前教育的環境。隨著現代人生活條件的不斷改善，絕大多數父母都有條件將自己的孩子送入幼兒園。一方面彌補家長教育的不足；另一方面，解決與自己工作時間的衝突。

挪威幼兒園教育的方針就是盡量讓孩子們接觸自然，享受陽光，走出去玩，在美好的自然環境中成長。這個國家的幼兒園從不在孩子的幼兒園階段，上任何文化知識課，也從不要求所有孩子做同一件事。老師們最注意在遊戲中教給孩子們技巧、方法，以及文明禮貌的舉止。幼兒園特別注意對有繪畫、音樂、體育等興趣的培養，老師們總是不厭其煩地給孩子們指導與鼓勵。每個星期，老師們都會帶領孩子們去公園、博物館或者美術館等場所。

這是因為挪威人相信，給予孩子充分認識的自由，孩子們才能夠最大限度地認清事物的規律，才能夠去瞭解和認知。挪威人也從不認為那些愛聽老師話，安靜地坐在那裡，只知道人云亦云的孩子是好孩子。

人的創造力是非凡的、無盡的，如果孩子從小就被父母的安排、老師的決定所束縛、所

禁錮的話，他們最終也只能在狹小的範圍內成長。

【媽媽先知道】

望子成龍的媽媽們，請妳們現在就為孩子打造一個溫暖、幸福、充滿愛的家庭環境，並將孩子送到一個自由、鼓勵挑戰的學習環境中去。假如妳的孩子是在這樣的環境中成長，也許長大後他並不一定成為偉大的ＸＸ家，但他一定是一個充滿愛、懂得人生、出類拔萃的人。

第二節

告訴孩子，捍衛你的夢想

媽媽心態：不要每天做白日夢，好好學習。

孩子狀態：生活不再是多采多姿，而是一片灰色。

偉大的詩人紀伯倫說過：「我寧願做人類中有夢想和有完成夢想願望的、最渺小的人，我也不願做一個最偉大的無夢想、無願望的人。」一面對孩子們諸多看似可笑的夢想，很多父母都會說那是不切實際的，但是他們忽略了最重要的一點：正是因為有了夢想，不切實際才有可能成為現實。

每個孩子從小都有一個屬於自己的夢想，也許這些夢想在父母以及老師的眼裡是那麼的不切實際，那麼的遙遠。但是，誰又能保證妳的孩子就一定不能實現自己的夢想呢？誰又有資格告訴孩子：你的夢想絕對不會實現呢？父母在孩子的生命中，應充當的角色不是去粉碎孩子的夢想，而是給予孩子實現夢想的動力。如果妳不能幫助孩子去實現夢想，那麼至少妳

要支持他完成夢想。

每一個人都有一個夢想，包括現在身為父母的妳。也許妳自小的夢想因為這樣或那樣的原因而沒有實現，妳就覺得夢想是遙不可及的，是浪費時間的。可是，妳大錯特錯了。縱然夢想的實現需要諸多因素才能構成實現的可能。但是，妳的不幸就一定是孩子的不幸嗎？妳的夢想無法實現，就能夠成為妳阻止孩子去追逐夢想的理由嗎？特別是做為孩子第一任教師的媽媽，應該多給予孩子一些鼓勵和支持，讓妳的孩子勇敢地去追尋自己的夢想。

一位從事數十年教育的老師因年齡的緣故就要退休了，在整理自己的辦公室的時候，他無意中發現了二十五年前自己帶過的一個班級的五十位同學的作文。作文的題目是《未來我會成為什麼樣的人》。老教師拿著厚厚的作文，一頁一頁的翻看著，追憶著過去教導孩子們時說過的話，回想著當年那些可愛天真的孩子們說過的話。

老教師感慨著二十五年時光的匆匆流過，臨退休的悵然開始慢慢彌漫。在翻看作文的時候，老教師的臉上浮現著笑容，他被孩子們千奇百怪的夢想所迷住了。

一位叫海德的學生寫道：未來我會成為海軍大臣，因為有一次我在海裡游泳的時候，我喝了三升的海水都沒有被淹死。一位叫蘭迪的學生說：我將來必定會成為法國總統，因為我能背誦出三十個法國城市的名字，而班裡其他同學最多只能背出六個。最讓人驚訝的是一位叫戴蒙的盲人學生，他說自己將來必定能成為英國的內閣大臣，因為英國歷史上，還從沒有一位盲人能夠成為內閣大臣。

總之，五十個孩子都在作文中認真地描繪著自己的未來。有希望當馴獸師的；有希望當飛行員的；有希望當廚師的。五花八門，應有盡有。

老教師讀著孩子們的作文，突然有種衝動，去尋找這五十位學生，看看他們現在是否實現了自己二十五年前的夢想。

英國的《太陽報》得知老教師的這一想法後非常感興趣，這家報紙願意免費為老教師在報紙的版面上刊發一則尋人啟事。沒多久，學生們的書信開始一一郵寄到老教師這裡。這些當年的學生向自己的老師致謝，感謝老師這麼多年依然保留著他們童年時的夢想，大家都希望得到那本作文簿，重溫自己兒時的夢想。這些學生中有商人、有農民、有學者、有政府官員等。

老教師按照學生們的地址將作文簿一一寄了出去。一轉眼，三個月過去了，只有一個作文簿沒人索要，就是那個夢想自己能夠成為英國第一位盲人內閣大臣的孩子。老教師心想，也許可憐的戴蒙已經去世了吧！畢竟已經過了二十五年，這期間什麼都有可能發生的。

就在老教師準備把這份作文簿送到一家私人收藏館去的時候，內閣教育大臣寄來了一封信。信中說，那個叫戴蒙的孩子就是我，感謝您還為我保存著兒時的夢想。不過，我已經不需要那本作文簿了。因為從那時起，我的夢想就一直深深地印在我的腦海中，我從沒有放棄過。二十五年過去了，可以說，我已經實現了我兒時的夢想。今天，我還想透過這封信告訴

其他四十九位同學，只要不讓兒時的夢想隨著歲月流逝，實現夢想的一天終究會來到你的面前。

內閣大臣的這封信後來發表在《太陽報》上，做為英國有史以來第一位盲人大臣，戴蒙用自己的行動證明了一個真理：假如你能把十五歲想成為內閣大臣的夢想保持二十五年的話，那麼你一定能成為內閣大臣。

二十五年的時光，是一個極其漫長的過程，誰能具有堅持二十五年夢想而不變的意志呢？可能絕大多數人無法做到這一點，只有那些堅持不懈為夢想而奮鬥的人，他們永遠不會因為其他的原因而改變自己的夢想，也永不會為任何艱難困苦而改變一絲成就夢想的信念。

有了夢想，才會有期望，有了期望，才會有拼搏與進取，守住孩子的夢想，教給孩子勇敢地向著自己的夢想走下去，最終就會比別人提前到達成功的彼岸。

沒有人能夠隨便保證別人的生命中會出現什麼，不會出現什麼。即便是給予孩子生命的父母也不能向自己的孩子保證。做為一個好媽媽，妳應該告訴妳的孩子，除了要有超越生命某個階段束縛的夢想外，還要有對夢想持之以恆的追求與捍衛。夢想是人類最偉大的思想，對於媽媽來說，如何讓孩子保持住對夢想的追逐，如何讓他實現自己的夢想才是最重要的。

有多大的夢想，才可能有多大的成就。人沒有夢想是不行的，沒有夢想，阿姆斯壯就不可能登上月球；沒有母親對班傑明夢想的呵護，就沒有他後來的成就。對於孩子來說，總是面對父母對自己夢想的打擊，就無法有所成就。

許多年前，一位貧窮的牧羊人帶著兩個年幼的兒子，靠著為富人家放羊來勉強維持生活。一天，當他們趕著羊來到一個山坡的時候，兒子們看見了一群大雁，鳴叫著飛過頭頂，並很快就從眾人的視野中消失了。

牧羊人的小兒子問父親：「大雁要往哪裡飛呀？爸爸。」

牧羊人回答道：「為了度過寒冷的冬天，大雁們要飛去溫暖的南方過冬。」

大兒子眨著大眼睛天真的說：「要是我們也能像大雁一樣飛起來就好了，我會比大雁們飛的還要高，我要去天堂裡看媽媽。」

小兒子也對父親說：「做一隻會飛的大雁多好呀！可以飛到自己想去的地方，那樣就不用放羊了。」

父親沉默了一陣，認真地對兒子們說：「如果你們想飛，你們就一定能飛起來！」兩個兒子試了試，可是並沒有飛起來。他們用疑惑的眼神看著自己的父親。

父親說，「看著我是怎麼飛的吧！」於是，父親也用力的向天上飛，可是也沒有飛起來。父親說：「可能是因為我的年齡大了，所以我飛不起來。你們還小，只要透過不斷的努力，終有一天你們一定能飛起來，去任何你們想去的地方。」

兩個兒子牢牢地記住父親的教誨，為了實現自己的夢想，兩兄弟從十幾歲就開始白天辛

苦的去打工，晚上利用賺來的錢去學習知識與技能。隨著知識的增長，他們懂得光憑自己的力量是無法飛起來的，要想飛到天上去，必須藉助工具的幫助。

從二十歲左右，他們就開始認真地學習飛行知識。他們渴望有一天能做出一副機械的翅膀，幫助他們實現飛天的夢想。經歷了無數次的失敗，兩兄弟依然毫不氣餒。他們的設計圖紙修改了上百次，試驗失敗了數十次，最終人類歷史上第一架飛機被他們製造了出來。這兩個為夢想奮鬥的兄弟，就是著名的萊特兄弟。

人類最可貴的財富就是對明天充滿希望，對自己充滿夢想。儘管這些夢想的實現面臨著無數的不確定因素，儘管有些孩子的夢想永遠都不能實現。但是，每一個人都有憧憬未來，懷抱夢想的權利，每個人也都有為自己的夢想投入自己全部努力的必要。

無數看似不切實際的夢想，最後之所以能夠成為現實。就是因為夢想會使人的心中產生不懈進取的動力。做為一種最可貴的心靈動力，熱愛生活的激情帶給充滿夢想的人一種執著的嚮往，會最大限度地激發人的潛能，進而實現自己的目標。

每個孩子天生都有夢想，夢想如同鳥兒的翅膀，如同魚兒的雙鰭，沒有翅膀與雙鰭，妳就永遠也不會知道自己究竟能飛多高，能游多遠。一個人心中充滿了夢想，就會每天沐浴在希望之中，並不斷地創造生命的奇蹟，完成那些看似不可能完成的任務。

親愛的媽媽們，妳們要意識到，對於一個充滿夢想的孩子，妳永遠也不可能預測到他將透過何種的方式、途徑去實現未來的人生夢想，獲取屬於他的成功。妳要做的就只有一件事，那就是鼓勵與幫助！只要是積極的、向上的夢想，妳都要鼓勵孩子去做、去實現。讓孩子去實現自己的夢想，他往往能在那些所謂的「不可能」中找到一些可以獻身的東西，並能最終實現自己的夢想。另外，要注意的是，孩子的夢想不分大小，都需要尊重。

【媽媽先知道】

夢想就像人體生長所需的微量元素和氨基酸一樣，缺少了它們，營養就跟不上，思維就會遲鈍。媽媽要試著給孩子的夢想插上翅膀，讓孩子在無數個夢想中，充分發揮自己的想像力與創造力。

第三節

耐心媽媽教出好孩子

媽媽心態：你怎麼這麼笨！什麼都學不會！

孩子狀態：活在媽媽急切的催促中，無法建立自信。

家長的行為對孩子有很深的影響，培養孩子耐心的前提條件是家長應該先付出耐心，只有有耐心的媽媽才能教出有耐心的孩子。所以，媽媽們要為孩子發揮表率作用，耐心地對待生活中的每一件事情。

從心理學的角度上說，耐心是一種意志狀態，是衡量一個人心理素質好壞的標準之一。耐心是一個人獲得成功的關鍵因素之一，缺乏耐心的人往往缺乏堅強的意志和持久的毅力，當遇到困難和挫折的時候，這種人會很快放棄，做事情總是半途而廢是永遠不能獲得成功的。

大多數孩子都缺乏耐心，這和他們的年齡有關係。但是媽媽們不要著急，耐心是靠後天的培養和磨練獲得的，只要媽媽們儘早有意識地培養孩子的耐心，從小磨練孩子的意志，孩子就會養成做事情要持之以恆的習慣，並且會逐漸形成較強的心理承受能力。

很多家長脾氣比較急躁，當孩子做不好或者做錯事情的時候就會罵孩子，甚至會說一些類似於「你怎麼這麼笨！什麼都學不會！」的話來傷害孩子。家長越發脾氣，孩子越慌，不但事情做不好，還會喪失自信心。所以當孩子犯錯誤的時候，家長發脾氣是沒用的，家長應該先沉住氣，心平氣和地給孩子講道理，幫助孩子改正錯誤。

家長的行為對孩子有很深的影響，培養孩子的耐心的前提條件是，家長應該先付出耐心，只有有耐心的媽媽才能教出有耐心的孩子。很多孩子缺乏耐心的原因在於他們的父母做事情總是半途而廢，這樣孩子就會跟著家長學。家長要為孩子發揮表率作用，做一個好榜樣，要有耐心地對待生活中的每一件事情。

于先生的兒子今年八歲，聰明伶俐、活潑開朗。但是兒子有個缺乏耐心的壞毛病，做事情總是虎頭蛇尾。為了幫助兒子改掉這個缺點，于先生打算從自己做起，用自己的行動影響兒子。

兒子平時學習的時候總是不專心，於是于先生就想到了和孩子一起學習的辦法。每天晚上，兒子寫作業，于先生就在旁邊看書，並且聚精會神，不喝水也不上廁所。開始時，兒子還是一會兒做做這個，一會兒做做那個，于先生就告訴兒子寫作業要專心，做完一件事情再

做另一件事情。再後來，兒子怕爸爸批評自己就不敢有什麼小動作，但是這時孩子還只是處於一種害怕受到批評的心理，還不是發自內心的想要專心學習。漸漸地，于先生發現兒子學習的時候不再三心二意了，而是真正的投入，于先生感到很高興。

兒子體型有點兒偏胖，為了兒子的健康，于先生決定每天早晨和孩子一起跑步鍛鍊身體。剛開始的幾天，兒子因為新鮮感還跑得挺起勁，可是一星期後兒子就堅持不住了。每次于先生叫兒子起床都很費勁，他總是磨磨蹭蹭不起來。

一天，兒子和于先生商量能不能取消晨跑這項活動。于先生語重心長對孩子說：「兒子，爸爸讓你晨跑一方面是為了鍛鍊你的身體，使你更加健康；另一方面，爸爸想培養你的耐心。你必須清楚地知道你缺乏耐心這個缺點，要知道在你長大後想做大事，就必須有足夠的耐心和持久的毅力。一個人不可能輕而易舉地獲得成功，當困難來臨時，你會怎麼選擇？如果你沒有耐心，你就會輕易地選擇放棄，總是放棄永遠都不能成功。你不要小看晨跑這件事情，它雖然不是什麼大事，但是能堅持下來也不容易。如果你能把這件事情做好，你就獲得了人生中的第一次成功。」兒子聽完爸爸的話並沒有說什麼。

第二天，兒子一反常態地先起了床，于先生感到意外，問道：「今天怎麼自己主動起來了？」兒子說：「爸爸，我昨天睡覺前想過您說的話了。我一定要改掉缺乏耐心的壞毛病，就從堅持晨跑做起。」于先生滿意地拍了拍孩子的肩膀，父子倆一起去跑步了。

從上面這個成功的事例中，我們不難看出，家長在培養孩子耐心的時候一定要給孩子講明白耐心的重要性和缺乏耐心的壞處。很多孩子都有「說風就是風」的習慣，新鮮感支配他們快速地開始做某件事情，可是當新鮮感消失後，孩子們就會失去繼續做這件事情的興趣，注意力會轉到另一件事情上。所以家長們應該告訴孩子做事情要有計畫，如果孩子決定做一件事情就一定要做到底，一件事情還沒有做好，就開始想做另一件事情，最後的結果一定是兩件事情都做不好。

家長們應該讓孩子明白，個人的成功與耐心是密切相關的。由於年齡小，孩子缺乏的東西還很多，他們更加需要父母的幫助。教育孩子是一件苦差事，家長們必須先拿出足夠的耐心。發現孩子身上的缺點和不足時，家長們不應該不分青紅皂白地責怪孩子，而是應該耐心地教育和引導孩子。孩子如果缺乏耐心，家長就要幫助孩子建立耐心。

有些孩子很任性，提出的要求媽媽必須立刻答應，如果不答應他們就會又哭又鬧。這時候媽媽們應該怎麼做呢？假如媽媽們總是立即答應他們的要求，他們就會對妳們的做法形成習慣，慢慢地他們就會缺乏耐心。媽媽們應該控制住自己，不要急於滿足孩子的要求，要讓孩子學會等待，這是培養孩子耐心的關鍵。

媛媛今年四歲，是個特別任性的孩子，平時總是以哭鬧的方法讓爸爸媽媽滿足自己的各種要求。

有一天，媛媛肚子餓了，讓媽媽給她做自己最愛吃的蒸蛋。媽媽剛把蒸蛋放到鍋裡蒸上，媛媛就跑到廚房來說：「媽媽，我餓了，現在就要吃蒸蛋。」

「我剛蒸，還沒熟呢，妳再等一會吧！」媽媽說。

「我不，我就要現在吃！」媛媛噘著嘴說道。

「蒸蛋還沒蒸好呢？妳怎麼吃呀？冰箱裡有小火腿，妳先吃點吧。」媽媽說。

「我不，我不嘛，我就要吃蒸蛋。」媛媛又開始像以前一樣哭鬧起來，她想媽媽一定會答應自己的要求。

可是這一次媽媽沒有答應她，並且決定要改改女兒的壞毛病。為了讓女兒學會等待，媽媽把媛媛帶出了廚房，而且不再理她，任她哭鬧。

五分鐘過去了，媛媛又跑到廚房裡，氣急敗壞地對媽媽說：「我現在就要吃蒸蛋。」

這時，蒸蛋其實已經做熟了，但是媽媽並沒有馬上給媛媛吃。媽媽為了培養孩子的耐心，就讓媛媛再等了一會。媽媽對女兒說：「蒸蛋熟是熟了，但是妳必須再等一會兒，因為它現在還很燙。」

媛媛邊哭邊說：「我不怕燙。我必須現在就吃。媽媽是壞蛋。」

媽媽沒有理媛媛，轉身走出廚房，開始做起別的事情來。媛媛看自己沒有得逞，氣呼呼地跑到自己房間，關起門來繼續哭。

又過了五分鐘，媽媽走進廚房，把擱涼了的蒸蛋端出來放到餐桌上，然後走到媛媛房間門口敲了敲門，說道：「媛媛，蒸蛋已經涼了，可以吃了。」

媛媛沒有回答，也沒出來。媽媽決定不哄她，就不再理她了，繼續別的事情。不一會，媛媛從房間走出來，坐到餐桌前吃起了蒸蛋。

對待缺乏耐心又比較任性的孩子的時候，媽媽們一定要先學會堅持，不管孩子使用什麼方法，媽媽們都不要妥協，即使是小的讓步也是不可取的。媽媽們的心比較軟，孩子一哭鬧，媽媽們就會覺得孩子可憐，但是媽媽們如果每次都對孩子的要求做出讓步，孩子就會得寸進尺，這樣更不利於鍛鍊孩子的耐心。那麼，媽媽們是不是應該粗暴地訓斥孩子呢？這樣做也是不正確的，因為這會傷害到孩子，進而使孩子產生叛逆心理。媽媽們不但要讓孩子學會等待，更要讓孩子明白為什麼要等待。

媽媽們可以透過生活中的很多小事情來培養孩子的耐心，比如，讓孩子自己整理房間、幫助媽媽洗碗、洗自己的內衣褲等等。一開始，孩子們會不情願，做這些事情時不認真，抱著隨便的態度。媽媽們要即時糾正孩子的錯誤心態，告訴孩子無論做什麼事情都要有足夠的耐心，耐心地做好小事情以後才能做好大事情。媽媽們還要記住，當孩子耐心地做好一件事情時，一定要給予孩子肯定，媽媽們的表揚是孩子取得更大進步的動力，有助於孩子養成好的習慣。

培養孩子的耐心與培養孩子的自控能力是密切相關的，媽媽們應該重視對孩子自控能力的培養。讓孩子形成良好的自控能力可以從「延緩滿足」的練習開始。所謂「延緩滿足」其實就是不要立即同意孩子提出的要求，讓孩子學會等待。孩子一旦形成了良好的自控能力，就會變得有耐心、有毅力。

耐心的培養是一個循序漸進的過程，媽媽們不要操之過急。媽媽們培養孩子耐心的過程其實也是培養自己耐心的過程，有耐心的媽媽才能培養出有耐心的孩子，媽媽們要與孩子共同進步。

【媽媽先知道】

媽媽們在培養孩子耐心的時候，一定要給孩子講明白耐心的重要性和缺乏耐心的壞處。對待缺乏耐心又比較任性的孩子時，媽媽們一定要先學會堅持，不要急於滿足孩子的要求，要讓孩子學會等待，這是培養孩子耐心的關鍵。媽媽們可以透過生活中的很多小事情來培養孩子的耐心，此外，還應該重視對孩子自控能力的培養。

第四節

教孩子從小學習規劃自己的未來

媽媽心態：孩子還小，有沒有目標不要緊，樹大自然直。

孩子狀態：漫無目的的長大，毫無動力的學習，沒有方向的成長。

俗話說，好的開始是成功的一半。媽媽在培養孩子的時候，如果能讓孩子早日學會規劃自己的未來，弄清楚發展的方向，遠比一開始就埋頭向前行進要來得有效率。

大多數的父母都是不加選擇地為自己孩子的未來做著規劃，這也是現代父母的一大毛病。這樣一來，孩子就會在一個沒有準確定位的人生道路上疲於奔命，將寶貴的成長時間浪費在以後不會用到的特殊技能的學習上，真正需要投入時間的學習卻因此而耽誤。

梭羅說：「我們大多數人的生命都是在芝麻綠豆大小的事情中虛度，毫無算計，也沒有值得去努力一生的目標，一生就在這樣的恍惚中匆匆過去。」因此，在人生的道路上，做好選擇，早做人生的規劃，有所取捨是必不可少的。選擇什麼，放棄什麼，做個好的規劃，是

一門真正的藝術。人們常說，捨得，捨得，有捨才有得。有時，好的放棄就是成功的選擇。教育孩子也是一樣的道理，媽媽讓自己的孩子什麼都學，往往卻什麼都學不好，學不精；什麼都想得到的後果，就是孩子最後什麼都沒有真正得到。

其實，媽媽要意識到，每個孩子都有自己的優點，這些優點便是孩子將來成功的關鍵。等到孩子能在成長的過程中，清晰地看到了自己的特長，確信能在某個方面取得成功，他便開始邁向正確的人生規劃之路。相反，如果媽媽只知道自己盲目地為孩子規劃他的未來，看不到孩子真正的興趣所在，最後肯定無法如願以償。大多數的孩子總是被教育去滿足媽媽的期望，去適應老師替他塑造的模式，可是從來沒有機會考慮自己有什麼樣的期望。

美國前副總統阿爾．戈爾和他的妻子迪帕一直牢牢記著這樣一句話：做一隻小狗都有目標，更不要說是一個人了。這個小故事來源於一個小小的生活片段。戈爾夫婦打算領養一隻寵物狗，讓牠陪伴兩個幼小的孩子一起玩耍，另外還可以看房子。小狗被領養回來以後，他們就請馴狗師訓練牠。

聽完夫婦二人的要求後，馴狗師一本正經的問道：「妳們打算讓小狗達到怎樣的目標？」

夫婦兩人面面相覷，張大著嘴巴，說道：「小狗還有目標嗎？當然是讓牠做一隻好狗了！」

馴狗師極其嚴肅地搖了搖頭說道：「每一隻小狗都需要一個目標，沒有目標的小狗是無論如何也訓練不好的。」戈爾夫婦商量了一下，為他們的小狗確立了一個目標：白天陪孩子們在家裡一起玩耍，夜裡還可以看看家門。

馴狗師按照夫妻兩人的要求，給小狗制訂了適合牠的規劃，過了半個月，這隻原本什麼都不會的小狗，被成功地訓練成了孩子們最好的朋友和家人的守護神。從這以後，阿爾．戈爾夫婦和孩子們再也離不開這隻聰明乖巧、討人喜歡的小狗了。

每一隻小狗都有自己的目標，更何況是人了。有些媽媽常常不自覺地把自己的期望當作孩子成長的目標，總是很自然地為自己的孩子規劃本該屬於孩子的一切。這樣的媽媽大多不曉得，等孩子漸漸長大後，無論媽媽的期望是多麼美好，都不是孩子自己的，並且常常不能實現。只有媽媽的期望成功地移植到了孩子的內心深處，生根發芽，才可以成為孩子自己的目標。所以，媽媽需要做的是，幫助孩子試著為自己的目標去制訂適合他自己的規劃。

一個成功的規劃並不是讓妳的孩子符合社會上正在流行的某一種追求。媽媽們的盲目攀比暫時會讓她覺得，如果孩子能夠做到現在社會流行的事會讓自己很有面子。但是在滿足妳虛榮的同時，孩子一生的幸福也許就被妳出賣了。如果媽媽想給孩子一個充實、自由的人生，那麼就要給孩子選擇自己規劃人生的權利。

正是因為大多數媽媽「霸道」地為孩子們規劃他們的一生，孩子們在成長過程中並沒有花時間來瞭解自己真正熱愛和需要的東西。

從前有一個漁民，常年下海捕魚的他卻沒能練就一身捕魚的本領。後來，漁民在每次出海捕魚前都立下誓言：這次一定能捕撈到自己想捕的魚，就算誓言不符合實際的情況，他也會頑固地堅持到底。

有一年春天，市場上墨魚的價格一路飆升。漁夫敏銳地觀察到了這一商機，便立下誓言：這次出海我只捕撈墨魚，其他種類的海產品一概不要。下定決心後，他便信心十足地出海了。當時，大多數的漁民都在捕撈墨魚，以致於海裡能夠捕捉到的墨魚少之又少。這個漁夫捕捉到的大多都是螃蟹，可是他荒唐地把所有的螃蟹都放了，結果到了傍晚該回岸邊時，漁夫也沒有捕捉到墨魚。

當漁夫上岸才發現，第二天市場上螃蟹的價錢甚至是墨魚的兩倍。漁夫後悔不已，發誓下次出海只捕撈螃蟹。

第二天出海，漁夫一心一意地就想捕撈到足夠多的螃蟹，可是這一次網裡撈上來的卻全是墨魚。跟上次一樣，固執而又不知變通的漁夫放生了所有的墨魚。一天就這樣過去了，到夜晚時他的網裡依然一隻螃蟹也沒有，再次兩手空空的回到了岸上。

晚上，失望的漁夫開始反思自己的行為，經過思考和分析，他再次下了決定，下次出海，無論是螃蟹還是墨魚，他都要捕撈回來。

可是，意外的是，第三次出海，漁夫竟然一隻墨魚與螃蟹都沒有撈到。無論在哪裡撒網，打上來的都是一堆堆的青魚。漁夫認為自己要的是墨魚和螃蟹，青魚根本就值不了幾個錢。結果，他又把捕撈到的所有青魚放掉了。傍晚再次到來，漁夫依舊兩手空空。

因為生活無以為繼，沒有多久漁夫就在自己所謂的「誓言」中餓死了。

這個小故事告訴我們，無論你是什麼人，也無論你是什麼職業，都不應該漫無目的的過著每一天。而一個成功的、有收穫的人肯定是一個有目標的人。但是，有目標並不代表能成功，當你有了長遠而切實可行的目標之後，要捍衛你的目標，為了目標不斷地拼搏與努力。

很多媽媽都認為孩子還小，沒有目標無所謂，等到了長大後自然會將目標建立起來。於是，孩子就在漫無目的中成長與學習，不懂得為什麼要去接觸生活中的一切，也不知道為什麼要學習，如何去學習，學習的動力是什麼。試想，在這種一無所知情況下成長起來的孩子能夠成為一個優秀的人嗎？

目標很重要，它往往決定一個人能否成功。但更多的時候，即使孩子有了目標，妳也要讓妳的孩子明白目標與現實之間，往往具有很遠的距離。要想獲得人生的成功，最好讓孩子試著自己做出決定，不要讓他人的建議過多地影響你，因為只有孩子知道自己究竟想要什麼。

媽媽要讓孩子知道，清楚自己在做什麼是最重要的，別人如何看待你的工作、愛好、興趣、決定，這些都不重要。因為只有自己最清楚自己所作所為的重要性。我們必須依據自己的內心去評估自己一生的作為，他人的掌聲與喝采固然令人高興，但最重要的還是自己對自己的評價與認可。同時還要告訴孩子，如果你知道自己真正需要什麼，就沒必要過多去徵求別人的意見。在這個時候，任何人的建議都只會影響你對自我的判斷。最好的辦法就是忠於自我，勇於實現自己的目標，合理地制訂適合自己的規劃。

親愛的媽媽們，請妳們在教育孩子的時候多問自己幾個問題：妳培養孩子的目的是什麼？妳希望自己的孩子成為什麼樣的一個人？富翁？藝術家？企業家？演說家？孩子自己又渴望成為什麼樣的人呢？妳的希望與孩子的渴望能夠有契合點嗎？

無論妳希望他成為什麼樣的人，對於孩子來說，他真正需要做到的就是去做自己真心想做的事情，為了自己所想的事情去建立目標，並勇敢實現。

【媽媽先知道】

孩子們必須學會規劃未來，根據現實情況不斷地調整目標。無論如何，孩子不應該為不切實際的目標與願望而努力。可是孩子還小，這個時候需要媽媽幫助自己建立正確的人生觀，早日學會規劃自己未來的能力。媽媽是孩子未來人生路的第一個指引者，幫助孩子制訂恰當的目標，並且根據目標建立未來的人生規劃，孩子才能更快樂、更充實、更成功的成長。

第五節

將孩子的求知慾引向正確的方向

媽媽心態：怎麼這麼多問題？盡想一些有的沒的！

孩子狀態：失去好奇心與求知慾。

愛因斯坦在自傳中說：「我沒有什麼特別的才能，不過是喜歡追根究底追究問題的答案罷了。」其實，正是這種愛問問題、喜好鑽研的精神，使得他在科學探索的道路上創造了如此偉大的輝煌。

一個好奇心強的人，總是用好奇的目光注視著周圍的一切事物，從中捕捉自己需要的獵物，獲取大量的知識。

教育的目的，就在於充分滿足人的探求本能與好奇心。如果教育偏離了好奇心，這種教育也是失敗的教育。求知慾是人類最珍貴的品質之一，孩子正處於見到什麼就想問什麼的年齡，如果媽媽不懂得啟發、引導孩子的求知慾走向正確的方向，將是一件非常遺憾的事。一

個好媽媽懂得應當從小就培養孩子旺盛的求知慾，以使孩子能夠自覺地、發自內心地去探求知識的寶庫。

好奇心是孩子的天性，是孩子求知慾的一種反映，也是孩子智慧的火花。在一般情況下，孩子學習的興趣往往和好奇心聯繫在一起，好奇心強的孩子平時總是愛問「為什麼」，有的媽媽由於不瞭解，把這些問題當作是搗亂、淘氣，因而對孩子提出的問題往往用冷淡、搪塞、漫不經心的態度去對待。這種做法有損於孩子的成長，會挫傷他們求知的積極性。媽媽要知道，孩子的智力正是在好奇——滿足——好奇的循環中得到發展的。

對於求知慾旺盛的孩子來說，最大的快樂莫過於學習到未知事物的奧妙，而揭開這些讓他們覺得「怪怪的」問題之後所體驗到的那種愉快與滿足，反過來又刺激他們新的探索興趣。做為媽媽，不僅要尊重、保護、正確引導孩子的求知慾，還要努力激發他們更多的求知慾，使孩子那可愛的好奇心發展為強烈的求知慾。對孩子提的古怪問題，媽媽要認真地答覆，就算答不出，也要告訴他：「這個問題等媽媽弄明白以後，就告訴你原因。」

但是，請妳切記事後一定要兌現。千萬不要對孩子的求知慾給予敷衍，這樣不僅會抑制孩子好奇心的發展，還會影響媽媽在孩子心目中偉大的形象，對以後的教育不利。

霍金是一位偉大的科學家，他對宇宙進行了深入的研究。他的著作《時間的簡史》被認為是現代最暢銷、影響力最大的科普讀物，而他也被認為是自愛因斯坦之後最偉大的物理學家。

小時候，霍金的爸爸有一架天文望遠鏡，每當夜明星稀的時候，他們父子就躺在房前的草坪上，用望遠鏡觀察美麗的夜空，數著天上的星座。看見無數的星星，小霍金的腦袋裡總是充滿著各種各樣的疑問。

「爸爸，為什麼天上的星星不掉下來呢？」小霍金問道。

「因為我們的地球和太陽都只是這些星星中的一顆。而這些星星是在宇宙中相互圍繞著旋轉的，這樣就構成了奇妙的宇宙。」

「我是媽媽生的，池塘是雨水構成的。那麼，宇宙又是怎麼產生的呢？」小霍金又問。

爸爸支吾了半天，面對著這個古怪而深奧的問題，爸爸也回答不上來，只得難為情地說：「親愛的兒子，爸爸也不知道這個問題。也許，現在還沒有人知道吧！你問的這個問題，我想已經超過了人類的能力了。」

「不，爸爸，一定有答案的。我相信宇宙也是由什麼東西構成的。」小霍金固執地說著。

他望著滿天的星星，幻想著自己飛上了天空，在五彩繽紛的夜空中翱翔。夜已經深了，媽媽和妹妹早已經回房間休息去了。小霍金卻仍然坐在草地上望著滿天的星星，他那小小的腦袋瓜裡充滿了各種各樣的想法。

伴隨著年齡的成長，小霍金依然愛問爸爸各種各樣關於宇宙的問題。而爸爸也總是不厭

其煩地為兒子盡可能地解釋，並不斷向孩子提出同樣「古怪的問題」。

在爸爸的提問中，小霍金也不斷地得到啟發，深入著思考一個個為什麼。就這樣，小霍金深深地迷上了美麗的夜空。每到夜晚降臨，他就拿著爸爸的望遠鏡出神地望著每一顆星星，獨自一個人的時候就思考著各種不明白的問題。

爸爸看到兒子是如此的喜歡夜空、喜歡宇宙，就買了很多關於宇宙和夜空的書籍和圖畫。小霍金從這些書中一邊識字，一邊認真地翻看起來，並且對天文知識越來越感興趣，立志要探索宇宙的奧秘。後來，小霍金根據自己的愛好，選擇了物理學。

小霍金就是這樣的孩子，好奇又好學，感興趣的問題都一定要弄清楚。而小霍金的爸爸也在孩子的成長中扮演了重要的角色，他總是不厭其煩的回答兒子各種各樣的問題，並不時的提出更深入的問題，引導孩子進行更深刻的思索。

小霍金沒有辜負爸爸的期望，最後成為了二十世紀最偉大的物理學家之一。

求知慾是智慧的出發點和推動力，也是毅力與耐心的泉源。孩子總是有著強烈的好奇心，他們總是不停地問「天為什麼是藍色的？」、「天為什麼會下雨，是不是哭了？」、「電話為什麼會說話？裡面是不是有一個小人？」、「鳥兒為什麼會飛？」、「魚兒怎麼睡覺？」等等各種毫無道理、非常幼稚的問題。但是媽媽們千萬不要嘲笑和斥責孩子這些看似荒唐的問題，要耐心地告訴孩子答案才是正確的做法，即使妳答不出孩子的問題，也要鼓勵孩子自己去尋找答案。

小霍金正是在不斷的好奇心驅使下，一步步成長為物理學家的。每個人在孩提時代都具有無限的好奇心，這種寶貴的財富經常在我們成年後悄悄地在我們身邊消失了，這是多麼可惜啊！最重要的是，絕大多數人並沒有意識到它消失帶給我們的損失。孩子的好奇心是人生中最寶貴的心態，媽媽們只要正確地引導就能發揮出事半功倍的效果。

因為，媽媽們平時就要引導孩子，凡事都要多問幾個為什麼。回答孩子的提問時，對於大家認為理所當然的問題，要敢於提出自己的獨特見解。經常激發孩子的求知慾，能使孩子不斷地突破自我，擁有智慧。福特的媽媽正是這樣的一個人，讓我們學學她的做法吧！

福特在很小的時候，總是有著看似無限的、與眾不同的好奇心，尤其是對於機械裝置更是愛不釋手。福特的好奇心特別強，以致於福特的爸爸只要一見到兒子回家，就立刻把所有的手錶、鬧鐘等藏起來。因為這些昂貴的手錶，在小福特的手裡，往往會落得被「大卸八塊」的命運。小福特找不到手錶拆解，就把家裡的農具也拆的支離破碎。

福特在自己的房間裡藏著各種「秘密武器」。他的小櫃子裡整齊地擺放著鑽孔機、銼刀、鐵錘、釘子、螺栓等你能想像得到的各種工具。而這些東西都是他自己親手做的。

小福特是家裡公認的淘氣鬼，但媽媽覺得不能扼殺兒子的好奇心，就去求當地的一位技工，請求他教小福特。這名叫阿德福的技工，總是喜歡詳細而熱情地為小福特講解各種機械

裝置的內部構造與原理。

熱衷於拆卸手錶的福特，經常瞞著家人偷偷地溜到鎮上，把臉貼在手錶店的窗上，看店裡的師父拿著小巧的鉗子修理手錶。有時看得入迷，他經常會忘記時間。後來，在媽媽的支持下，小福特開始收集一些壞掉的手錶，自己進行修理。

不僅如此，媽媽還鼓勵兒子按照自己的興趣大膽進行實驗，不要懼怕挫折與失敗。福特非常感謝媽媽，晚年在自己的回憶錄中寫道：「媽媽給了我巨大的勇氣，她教會我忍耐與自律，這是我戰勝苦難的法寶。她還教導我不要指望那些永遠無法得到的東西。當我遇到困難時，媽媽還告訴我生活會給我帶來許多煩惱，你經常會面臨艱難、失敗與痛苦，但是你必須好好做。因為只有這樣，你才能將自己的求知慾變成實現夢想的動力。」

小福特的故事告訴我們：孩子的好奇心越大，就越擁有非凡的天賦。媽媽們應當鼓勵和保護孩子的好奇心，這是培養孩子的最佳途徑。福特之所以後來能夠獲得那樣的成就，不僅在於他的聰明與天賦，更在於媽媽對他從小的支持與鼓勵。

在孩子的成長過程中，都會出現求知慾，面對成年人已經習以為常的世界，他們提出了絕大多數成年人沒有想到、也回答不了的問題。但是這些問題卻如同鑽石一樣珍貴。

媽媽們要歡迎並鼓勵孩子提問，不能對孩子的古怪問題置之不理。平時，要在與孩子的接觸中對愛提問的優點表示讚許，並即時正確地回答孩子的問題。媽媽如果對孩子的提問反應積極，會使孩子的好奇心得到滿足，並更加愛思考與提問。愛提問的孩子總是比那些被動接受知識的孩子掌握知識更快更好。孩子的求知慾強，對特別想知道的事情自然記得快，瞭解的快。

讓我們大膽地鼓勵孩子自己去瞭解豐富多彩的自然和繽紛複雜的社會吧！讓孩子大膽地提出所有想問的問題，然後引導他透過讀書、觀察、思考，去尋找正確的答案。

【媽媽先知道】

求知慾是知識生根發芽的土壤。當孩子的求知慾覺醒時，媽媽不應打擊或者取笑孩子那些看似可笑的問題，而應該鼓勵孩子對事物充滿無數的好奇心，讓孩子對事物的好奇心早日覺醒，並引導孩子進行更深入的思索。當妳的孩子不斷向妳提出問題，或許問的問題很幼稚，但是請妳一定要認真對待，因為，正是這些可笑的問題讓孩子走上成功之路。

第六節

學習能力是可以教出來的

媽媽心態：學習好不好，就看孩子自己了。

孩子狀態：不懂得如何學習，成績越差越沒信心。

孩子學習成績的提高，不僅需要熱情勤奮，堅強的意志，更需要正確有效的學習方法。媽媽對孩子進行學習方法、學習技能和學習策略的訓練，是提升孩子學習效果的有效途徑。

正確的學習方法是孩子高效、輕鬆學習的保障，在孩子學習的過程中發揮著重要的促進作用。有很多孩子平時學習很用功，可是學習成績卻怎樣也無法提高上去。這類孩子成績不好的原因在很大程度上是因為學習能力的不足。因此，如何培養孩子的學習能力是媽媽應該引起高度重視的問題。

掌握學習能力是孩子學習成功的捷徑，它促使孩子會學、巧學，能夠做到活學活用，提高學習效率，實現事半功倍的學習效果。如果孩子沒有掌握正確的學習方法，縱然付出再多的努力，效果也不會太好。低下的學習效率會使孩子逐漸失去學習的興趣，進而直接影響知識的獲取。

媽媽平時應該幫助孩子樹立這樣的觀念：讓孩子掌握正確而實用的學習方法，不僅能夠快速提高孩子的學習效率，取得良好的學習成績，而且有助於孩子潛能的發揮與學習能力的提高。

耿琦的女兒在各個方面都發展得很好，在國小曾是同學學習的榜樣。在女兒學有餘力的情況下，耿琦讓女兒跳了一級進入了國中。進入國中後，由於連續幾次考試不是很理想，以前那個出色的女兒開始變得沉默寡言了。耿琦在和女兒聊天的時候，孩子流露出了國中的學習沒有國小有意思的想法，耿琦很震驚。

但是，耿琦並沒有急於給女兒講國中學習的重要性，也沒有後悔當初讓女兒跳級進入國中的事，而是站在女兒的角度，去思考女兒的難處。女兒的學習成績落後，沒有了過去的那種優越感和自豪，心理是難以平衡的。另外，耿琦也想，女兒暫時對於國中的學習方法還沒有摸到門道，怎麼會覺得有意思呢？

耿琦認為，女兒的關鍵問題是失去了以往學習的自信，只要喚回女兒的自信，幫助女兒盡快地適應國中的節奏，女兒一定能夠學得好的。透過精心的準備，耿琦經常向女兒指出孩子自己想不到正獲得的進步，詳細地幫助女兒複習每天學習的知識內容，引導女兒總結學過的知識。

當女兒的學習成績有所好轉後，耿琦開始教女兒課前預習、課後複習等學習方法，被動的學習變為主動的學習。孩子在主動的學習過程中重新認識到了自己的學習能力，對自己能學好國中的知識又重新擁有了信心。

耿琦從細節處幫助女兒恢復了在學習上的自信心，幫助孩子跨過了國中學習中遇到的障礙，使得女兒再次信心十足地投入在學習之中。

做什麼事都應該講究運用方法，孩子的學習自然也不例外。懂得了這個道理，我們才會重視對孩子學習方法的培養。耿琦幫助女兒掌握學習方法，使得女兒重新恢復學習自信的故事，可以給媽媽們一些有益的啟示。

在現實生活中，大多數的媽媽沒有意識到這一點，她們只是關心孩子是否在埋頭學習，只要孩子玩，她們就會很生氣，但對孩子的學習方法卻較少在意。其實，好成績絕不是單靠死記硬背式的苦讀就能擁有的。只有掌握了正確學習方法的孩子，才能成為學習的佼佼者。

學習是一個人終生都要做的事情，一個人能否取得成功，能否獲得生活的幸福，在一定程度上取決於他的學習能力。孩子的學習能力，取決於從小養成的良好學習習慣。媽媽們如果打算培養出孩子良好的學習能力，第一步應該從培養孩子的學習興趣做起。孩子總是對周圍的事物有著好奇心和濃厚的興趣，只有對學習產生了興趣，才可以順勢對孩子的學習能力進行強化。

有一位神童，他七、八歲的時候就已經能夠熟練地擁有德語、法語、拉丁語等六國語言能力了，並且精通物理、化學以及數學。九歲的時候，他就考入了萊比錫大學，未滿十四歲就被授予哲學博士學位。這個小神童能夠取得如此出色的成績是與父親良好的教育分不開的。

這位名叫維特的小神童並非如大多數人所想的每天坐在書桌前苦讀書，其他什麼也不做。用父親的話說，小維特坐在書桌前的時間和其他正常孩子沒什麼區別。他也把大量的時間花費在玩耍與運動上，是一個非常健康活潑的孩子。之所以能夠讓自己的孩子既輕鬆愉快的學到如此豐富的知識，取得如此令人瞠目結舌的優異成績，老維特有著自己非常獨特的教育方法。他從不進行填鴨式的灌輸，而是從喚起孩子的興趣，然後根據孩子的興趣進行學習方法的教育。

小維特在三、四歲的時候，老維特就經常帶他去散步。每次散步的時候，老維特都要一邊和小維特談話，一邊進行教育。比如在散步的時候，老維特會摘一朵野花解剖一下，向兒子講解花的生長特點與各個部分的功能；有時會在花園裡捉到小蟲子，教兒子關於昆蟲的知識。

老維特在兒子三歲半時就開始教他認字，為了讓兒子認識更多的字，老維特會給兒子買來畫冊，生動地講給兒子聽裡面的故事。在兒子認識多了幾個字，老維特就會鼓勵兒子，對兒子說：「兒子真棒，這麼複雜的字也能這麼快的學會，你可以試著經常寫寫認識的字。」

有時，看到兒子對某一個故事特別感興趣，老維特會試著讓兒子自己去讀。他會故意「為難」兒子，越是兒子感興趣，越不給兒子講這個故事。這樣反而激發和喚起了兒子一定要認識更多的字的想法，等到兒子有強烈的慾望後，老維特才會更主動的教他識字。

老維特對別人總結自己教育孩子的經驗時說：「我總是儘早的對孩子進行教育，我從不給孩子學習上的壓力。相反，我會嘗試著從培養孩子對於學習的興趣入手，等到孩子建立了學習的興趣後，我會使用各種靈活、巧妙的方法對孩子的興趣進行刺激與深掘。引出孩子內心的學習動力，讓孩子將吸收知識的樂趣如同吃美食一樣。接下來，我會對孩子的學習方法進行不斷的調整。鑑於孩子應該有一個快樂的童年，我總是希望孩子能在玩耍中掌握到足夠多的知識，而不是一味的苦學。就這樣，我的孩子比其他孩子更早的擁有了正確的學習能力。」

我們常常能夠看到，很多媽媽為了讓孩子擁有一項特長，將孩子大量的時間安排到各種類型的才藝班進行學習。為孩子進行興趣培養是必然的，但是不應佔了孩子的大量玩耍時間，過分勉強孩子對興趣進行培養會適得其反。在給孩子報名才藝班之前，媽媽們最好清楚地知道孩子的興趣在哪，根據孩子的興趣去培養興趣。切忌將自己的主觀臆想當作孩子的實際興趣，甚至將自己的興趣強加給孩子。

為了提高孩子學習的積極性，充分發揮孩子的潛能與才智，使孩子在學習上能夠取得好成績，就必須提高孩子對於學習的興趣。媽媽們可以先讓孩子嚐到學習帶來的甜頭，一邊培養學習興趣，一邊讓孩子一點點建立起自信。

當孩子的學習取得小小的進步時，就要對孩子進行鼓勵與稱讚。但是，學習的時間必須要控制在合理的範圍內。因為孩子注意力集中的時間很短，如果一味的強迫孩子在很長的時間內進行學習，往往不能獲得很好的效果。媽媽們與其在孩子的學習時間上斤斤計較，不如幫助孩子提高學習效率。

一旦孩子的學習興趣建立起來，媽媽們就要開始對孩子的學習方法進行不斷微調。讓孩子了早日掌握正確的學習方法，能夠比其他的孩子在學習中走更少的遠路。如果媽媽們能夠這樣去教育自己的孩子，那麼孩子就會有很強的學習能力，自然會取得學習上的成功。

【媽媽先知道】

愛因斯坦曾經說過：「成功＝努力＋正確的方法＋少說空話。」這句話鮮明地道出了學習方法的重要性。所以，媽媽要特別注意幫助孩子掌握正確的學習方法，讓孩子擁有學習能力，只有這樣才能保證孩子的成績得到進步。

第七節

言傳身教，媽媽做個好榜樣

媽媽心態：什麼道理都會告訴孩子，但自己並沒有付諸於行動。

孩子狀態：媽媽說話不算數，只說不做。

道德教育聽起來似乎總是與宏大的說教、沒完沒了的嘮叨聯繫在一起。其實，如果每一個家長都能意識到言傳身教的重要性，孩子才能感同身受地將道理付諸於實踐。

有些媽媽總是抱怨，自己的孩子真是越大越難管了，妳說他一句，他就頂兩句，好像孩子最有理。還有的媽媽抱怨：在孩子面前很難樹立起媽媽應有的威信，有時管孩子，孩子還說：「妳自己都不這樣做，妳反過來還要要求我」。其實，要想讓孩子能夠做到自己期望的樣子，媽媽首先要從自身做起，從注意細節開始。

威信的樹立是讓孩子對媽媽產生一種信任感與尊重感，這種信任靠說教或者是打罵的方式都是無法建立起來的，媽媽要言而有信才是最重要的。媽媽對待孩子也要像對待成年人一樣，有信譽，恪守「言必行，行必果」的原則。這樣就會讓孩子感到媽媽是說到做到的人，才能夠自覺聽媽媽的話，接受媽媽的要求。

媽媽要樹立威信，將自己的孩子培養成一個優秀的人才。首先應該採取行之有效的教育方法，這就要做到對孩子多一些瞭解，多一些尊重。這樣，媽媽的悉心教育才能真正改善孩子的行為，否則就談不上有什麼威信，也就無法達到希望的目的。

墨西哥前總統福克斯以誠實守信而受到人民的尊重，他一生做人的準則就是圍繞著兩個字：誠實。

一次，總統受到邀請去一所著名的大學演講，一位學生問他：「政壇上歷來都是充滿謊言，總統先生，請您回答，在您從政的經歷中是否撒過謊？」

福克斯答道：「不，我從來不撒謊。」

學生們在下面竊竊私語，有的甚至笑出聲來，大家都不信任他。因為每一個政客都是對民眾說他從來沒有撒過謊。

福克斯繼續慢慢地對學生們說：「孩子們，在這個社會上，也許我很難證明自己是一位誠實的人。但是你們應該相信，這個世界上擁有誠實，它永遠都在我們身邊。下面，我想給大家講一個故事：

有一位農場主人，覺得花園裡的亭子太破舊了，就安排工人們準備將它拆掉。他的兒子

對拆掉亭子很感興趣，於是對父親說：『爸爸，我想看看拆掉這座亭子的過程是怎樣的，等我從寄宿學校放假回來的時候再拆好嗎？』

爸爸答應了他。可是，孩子走後沒幾天，工人們就很快把亭子拆掉了。孩子放假回來後，發現亭子已經不見了。他極為失望，悶悶不樂地對爸爸說：『爸爸，你對我撒謊了，你是個不守信的人。』

父親驚訝地看著兒子。孩子繼續說：『你答應過我的，那座亭子要等我回來再拆掉的。』

父親對兒子說：『兒子，我錯了，我應該兌現自己的諾言的。』

父親又召來工人，讓他們按照亭子的樣子在原來的地方再建造了一座。亭子造好後，他將孩子叫來，然後對工人們說：『現在，請你們當著我兒子的面把它拆掉。』」

福克斯對學生們說：「我認識這位父親，他並不富有，但是他卻在孩子面前實現了自己的諾言。」

學生們問道：「請問這位父親叫什麼名字？」

福克斯說：「他已經去世了，但是他的兒子還活著。」

學生們繼續問：「那麼，他的兒子在哪裡？他應該是一位誠實的人。」

福克斯說：「他的孩子現在就站在你們的面前，就是我。我想告訴大家的是，我願意像我的父親對待我一樣去對待這個國家，對待這個國家的每一個人。」

台下掌聲雷動。

當孩子長大後，隨著人生際遇的轉變，也許會產生與父母不一樣的人生觀、價值觀，但媽媽可以給孩子打下一個牢固的基礎，使孩子有意識地形成自己新的價值觀。有時候，孩子會記住自己的爸爸媽媽是如何勇敢地對待自身的缺點的，這種勇氣與坦率會鼓勵孩子終生，讓孩子不致迷失方向。

每一個社會，每一個時代，都有自身對社會規範的獨特理解。但無論是古代還是現代，國內還是國外，都有一些共有的對基本價值的尊重與遵守。這些基本的價值包括忠誠、可信、誠實、勇敢、自律、公正和無私等。無論在家庭還是在學校，孩子們都在不經意間接受這些價值觀的薰陶。學校中，老師更偏重於直接的灌輸與紀律的約束。那麼在家庭中，媽媽如何最有效地培養孩子的道德、價值觀念呢？這個時候，媽媽的榜樣力量就會發揮很大的作用。如果媽媽自己對此沒有做好表率，就無法對孩子產生很好的教育效果，甚至會讓自己處於尷尬的境地。

「孩子，我和你講了許多次要守時守約，否則會浪費掉別人的寶貴時間，也會給別人留下不好的印象，你不這樣認為嗎？」

「不守時守約的確不好。不過，也沒有什麼大不了的。」

媽媽有些生氣了：「怎麼能說沒什麼大不了的呢？你養成這樣的毛病，長大後會怎樣呢？還有誰會相信你說的話呢？」

看見媽媽不斷地責備自己，兒子也開始沉不住氣了：「妳都已經是大人了，不也是過得挺好的嗎？沒看見誰不相信妳呀？」

「你是什麼意思？」媽媽不明白話題怎麼就突然轉換到自己的身上了。

「妳大概忘記了吧，好幾次妳都答應來學校參加我們的活動，我都告訴老師妳會來的，可是每次活動結束後我都不見妳的身影。妳說這是不是不守約？」

「那是因為媽媽的工作實在太忙了，走不開，而且那些活動也不是非參加不可。」媽媽看到兒子的表情有些驚訝甚至有些譏諷的時候，尷尬地停住了談話，不知道該如何收場。

當然，大多數的媽媽會認為這不是偷竊、害人的大事，自己工作忙，的確會有脫不開身的時候，答應孩子去參加學校裡的活動不去也是可以的。但是，孩子會怎樣看待這個問題呢？孩子可能得出什麼樣的結論呢？孩子可能會想：「噢，媽媽也不守約，大概不守約也不是什麼大不了的事，自己也無須糾正這個所謂的缺點。」

如果孩子心中有了這樣的想法，無論有多少次的教訓，恐怕也不會發揮任何作用。再者，孩子可能會認為：「媽媽對別人倒還能守約，尤其對工作上的事，對我的事卻不在乎，可見守約也要分等次，不必事事都守約，那麼有時不守約也就不是錯誤了。」對於孩子這樣的推理，我們又用什麼道理可以有效地反駁呢？

在這個故事中，媽媽應當怎樣挽回自己的錯誤、消除不良的印象呢？媽媽應該承認自己的錯誤，而且還應該有行動。媽媽可以這樣去跟自己的孩子解釋：「孩子，媽媽沒有意識到自己的行為對你造成了如此大的影響。我當時的確有急事不能來，但我應當事先通知你，甚至去學校向你的老師解釋。我真的很抱歉，你能原諒我嗎？你們下一次家長座談時或者學校活動的時間是什麼時候？媽媽一定把工作時間安排好，盡量去參加你在學校的活動，好嗎？」

古人云：「其身正，不令而行；其身不正，雖令不從。」媽媽自己要說到做到，才能在孩子的心中產生威信。一個媽媽在交流心得時說：「為了糾正孩子亂扔東西的壞習慣，我不願意光靠一遍遍地說教去改變他。我知道孩子是要看我的行動的，我就事事以身作則的做給孩子看。」孩子看到媽媽的行為，自然會有樣學樣的進行模仿，同時也比較容易接受媽媽的要求。

我們可以想像一下，如果連媽媽自己都做不到的事情，卻要求孩子去做到，孩子又怎麼會聽呢？要在孩子面前樹立威信、讓孩子達到妳的期望，媽媽必須在生活的細節中以身作則，做出榜樣。

絕大多數的媽媽只記得言傳，卻忽略，甚至沒有意識到身教的重要性。其實，媽媽們要知道，孩子對於父母言語的理解往往受制於年齡與認知，而不能全部吸收。但是孩子卻能在

父母的行動中，以最快的速度進行直接的學習。如果媽媽們想教育出一個好孩子，要從現在開始意識到言傳身教同時進行的重要性。

【媽媽先知道】

有些媽媽常常抱怨孩子不肯聽話，但實際上，媽媽常常用自己錯誤的行動來抵消自己的教育效果，讓孩子認為媽媽是說一套做一套，不必對媽媽的話認真，這樣的媽媽就真的面臨難題了。

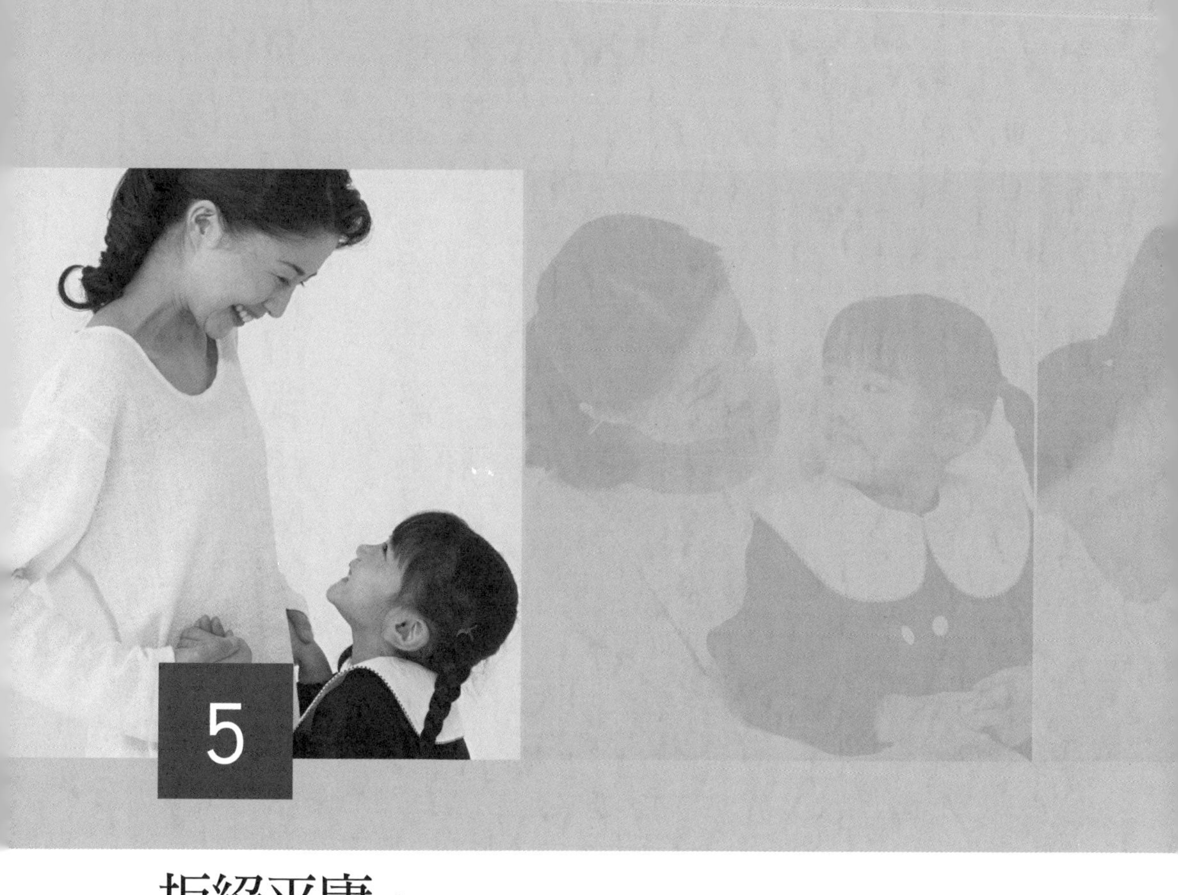

拒絕平庸，
做個獨一無二的「未來達人」

第一節

允許孩子自由暢快地翱翔

媽媽心態：無論什麼事都要替孩子安排好。

孩子狀態：永遠像個牽線的木偶。

媽媽們在注重滿足孩子的物質生活要求的同時，往往忽視了孩子的精神生活品質，其實孩子更渴望得到屬於自己的空間，渴望自由，渴望獨立自主。但媽媽們卻總是強迫孩子過早地學這學那，使孩子們本來應該充滿樂趣的童年，被無情地奪走了。

「現在的孩子生活的多幸福，吃得飽穿得暖，個個都是父母的心肝寶貝，為什麼他們還不滿足？」一位媽媽這樣抱怨道；「媽媽總是逼我做一些我不喜歡的事情，總是為我做主，我什麼時候才能自己做主！」一個孩子這樣抱怨道。其實大多數的媽媽和孩子都是這麼想的，孩子不理解媽媽，媽媽也不理解孩子，這就是兩者之間的「代溝」。

媽媽為了給孩子最好的生活，自己捨不得吃捨不得穿，到頭來卻得不到孩子的理解，不免有些傷心。可是媽媽們應該好好反思一下，造成這種局面的原因究竟是什麼，自己到底有沒有做錯的地方，是不是經常強迫孩子做這做那，或者總是替孩子做主，很少考慮孩子真正的喜好和想法。

在日常生活中，媽媽們在注重滿足孩子的物質生活要求的同時，往往忽視了孩子的精神生活品質，其實孩子更渴望得到屬於自己的空間，他們渴望自由，渴望獨立自主。如果媽媽細心觀察就會發現孩子最快樂、最幸福的時候是他們得到精神生活滿足的時候。孩子們希望能夠自己安排自己的生活，不喜歡被媽媽隨意擺佈，但是媽媽們卻往往意識不到這一點，總想從自己的角度出發，按照自己的意願安排孩子的生活和學習。

讓孩子自己安排自己的生活和學習、自己為自己做主的過程，對孩子來說其實是一個學習和體驗人生的過程，媽媽們如果不讓孩子經歷這個過程，實際上在剝奪孩子學習的機會，這樣做對孩子並沒有好處。專家指出，從小由父母安排一切、對父母言聽計從的孩子長大後往往自理能力較差，缺乏想像力和創造力，也缺乏對事物的判斷和分析能力。這都是由於他們一直都按照父母的指示成長，錯過了很多鍛鍊自己的機會，而這些機會又是他們今後成功的必要因素。

媽媽們總是強迫孩子過早的學這學那，大多數孩子在上學前甚至更早的時候就開始被迫參加各種輔導班，學習繪畫、英語、鋼琴等等的一技之長，有的孩子甚至「身兼數職」。他們本來應該充滿樂趣的童年，被媽媽們無情地奪走了，所以孩子們即使是吃好喝好也感覺不

到真正的快樂和幸福。

麗麗今年剛上國小一年級，但是她從上幼兒園大班起，就開始聽從媽媽的安排，每個週末都要去學習美術和小提琴，後來媽媽又給麗麗報名舞蹈班，說學習舞蹈可以提升孩子的氣質。這麼一來，麗麗完全沒有節假日可言，別的小朋友都盼著週末的到來，可是麗麗卻為此發愁。

麗麗其實一點也不喜歡學舞蹈，每次練功壓腿的時候都疼得只掉眼淚，老師也認為麗麗的自身條件不適合學習舞蹈，但是麗麗的媽媽卻固執己見，非讓麗麗學不可。時間一長麗麗變得萎靡不振，一點都沒有小孩子應該具有的活潑開朗的個性，總是少言寡語。尤其是每到星期五的時候，麗麗就顯得焦躁不安，上課時經常走神。班主任老師注意到了麗麗的異常表現，就找麗麗親切地問她是不是有什麼不高興的事情，麗麗委屈地向老師訴說了自己的苦衷。得知麗麗異常變化的原因後，班主任老師覺得有必要和麗麗的媽媽談一談了。

與老師談話後，麗麗的媽媽不知道自己該怎麼做了，一方面麗麗已經學了幾個月的舞蹈，現在半途而廢有點可惜；另一方面麗麗不願意學舞蹈，總是為這事發愁無形中影響了學習，這是媽媽不願意看到的。

明明今年六歲，生性好動，媽媽為了能讓兒子安靜下來，也為了他能學到一技之長，就給明明報名學習彈鋼琴。可是明明不喜歡彈鋼琴，他喜歡踢足球之類的運動。媽媽為了讓明明學習彈鋼琴是罵也罵了打也打了，但是一點作用也沒有，明明還是坐不住，每次都是哭天抹淚地央求媽媽。最後，媽媽想到了一招，她對明明說：「寶貝，你聽媽媽的話，如果你好好彈鋼琴，媽媽就給你買你喜歡的遙控汽車。」

明明為了遙控汽車乖乖地彈起了鋼琴，兩天後他堅持不住了，說什麼也不好好彈鋼琴了，媽媽又開始連哄帶騙……明明的媽媽為了讓他學習彈鋼琴可以說是無所不用其極，身心疲憊呀！但是明明真的能學下去嗎？

生活中類似於上面的例子很多，媽媽們非讓孩子學習一技之長，孩子總是不願意，媽媽們為了讓孩子聽從自己的安排傷透了腦筋，孩子為了不學習自己不喜歡的東西又哭又鬧，兩者都很痛苦。難道對於這個問題就沒有一個很好的解決方法嗎？孩子不喜歡學習某種東西肯定有他的原因，媽媽們首先應該弄清楚這個原因，弄明白孩子究竟喜歡什麼，不要總是按照自己的意願為孩子安排一切。

媽媽們的想法並不代表孩子們的想法，而且媽媽們的想法也不一定就對孩子的成長有益。誰都不喜歡被人強迫，孩子們年紀雖小，但是他們同樣有自己的思想，也有喜歡和不喜歡做的事情，媽媽們應該尊重孩子們的喜好。

我們經常聽到這樣的話：「妳看鄰居家的ＸＸ都報名第二課堂了，妳也得報！」、「媽媽小時候特別喜歡鋼琴，可是家裡窮買不起，現在媽媽買得起鋼琴了，所以妳一定要好好

學，完成媽媽的心願！」、「我們家沒有大學生，所以你必須好好學習，考上大學！」……媽媽們不停地往孩子身上加各種各樣的重擔，把孩子壓得喘不過氣來，可是媽媽們為什麼非要把自己沒能完成的心願強加給孩子呢？孩子被逼無奈地順從媽媽的安排，其實心裡是無比痛苦的。因此，媽媽們應該改掉強迫孩子做事情的壞毛病，多與孩子溝通，瞭解孩子真正喜歡的東西是什麼，這樣做才是真正地為孩子好。

現在很多孩子都失去了童年應有的樂趣，他們像是被關在籠子裡的小鳥，不能自由自在地翱翔在天空中。媽媽們不僅喜歡安排孩子們的學習，就連他們怎麼玩耍都要安排。媽媽們總是找各式各樣的藉口把孩子們關中家裡，比如「外面社會太亂，不安全，還是在家玩吧」、「出去玩會和小朋友打架，別人欺負你怎麼辦？」、「現在壞孩子太多，別把你給帶壞了！」……有人曾做過一項調查，其結果是60％左右的孩子經常被家長關在家中獨自玩耍。

佳佳今年八歲，她說自己經常站在窗邊看著樓下的小朋友們玩耍。她自己很想按照自己的意願和他們一起玩，可是媽媽總是把她關在家裡，只偶爾允許她出去玩。佳佳的媽媽這樣做的原因來自於報紙上的一則新聞，說一個小女孩在自家社區玩耍時被汽車撞死了。自從看到這則新聞，佳佳的媽媽就很少讓佳佳出去玩了，大多數時間她都是自己做完作業，看動畫片或者彈琴。佳佳十分不快樂，她不知道媽媽為什麼要安排自己所有的生活，為什麼自己就不能像別的小朋友那樣無憂無慮的玩耍呢？漸漸地，佳佳把站在窗邊看小朋友們玩耍當作一種娛樂，每當這時候她都感到很快樂。

媽媽把佳佳總關在家中，雖然她是為了女兒的安全考慮，也有些太極端了。其實把孩子關在家中是一種錯誤的教育方式，這樣做對孩子的身心健康和成長都是非常不利的。

1.對孩子的健康有影響。孩子處在成長的時期應該多進行戶外運動，呼吸新鮮空氣，如果長期把孩子關在一個狹小的空間裡，會使孩子的肺活量變小，四肢和肌肉得不到很好的鍛鍊，體力也跟不上，反應也會變得遲鈍。

2.對孩子的智力有影響。孩子長期待在屋裡，不與外界接觸，缺乏與人溝通，這樣就會使孩子本應獲得的信息量大大減少，不利於孩子的智力發育，也會抑制孩子的創造力和想像力。

3.對孩子的個性發展有影響。如果孩子的生活環境過度侷限於一個狹小的範圍內，性格就會變得孤僻，心胸也會狹窄，不懂得如何和別人相處。此外，經常關在家中的孩子，由於受到父母過度的關愛，往往不能勇敢地面對挫折，性格比較懦弱，獨立性也相對較差。

這樣看來，媽媽們按照自己的想法把孩子關在家中是不利於孩子成長的，還會給孩子帶來不少的危害。因此，媽媽們應該給孩子一定的空間，讓他們多和大自然、社會接觸。

孩子是在天空中飛翔的小鳥，而不是囚禁在籠子的小鳥。媽媽們要放開手腳，讓妳的孩子走出家門，不要過多的干涉孩子的自由。

媽媽們關心孩子的生活和學習是應該的，但是要把握一個合適的平衡，如果媽媽按照自己的想法和意願把孩子的一切事情安排得面面俱到，孩子無論做什麼事情都要聽媽媽的，這明顯超出應有的平衡了。孩子是一個獨立的個體，他們有權利獨自安排自己的生活，媽媽們應該做的是在一旁為孩子做指點，即時的糾正他們的錯誤，而不替孩子安排好一切。

【媽媽先知道】

無論是媽媽，還是一個合格的教育者，都應該打破「以我為主」的想法，而應該「以孩子為主」，尊重孩子的想法和選擇，這不但是給自己鬆綁，也有利於培養一個樂觀開朗的孩子。

第二節

創造性思維讓孩子把握未來

媽媽心態：把你那些稀奇古怪的想法收起來！

孩子狀態：變得像每個在茫茫人海中的普通人一樣。

培養孩子的創新性思維是當前媽媽應該關注的一個重點。因為在當前的社會裡，一個沒有絲毫創新性思維的人幾乎沒有生存的可能，更不用說發展的空間了。所以，要時刻注意培養孩子的創新能力，讓孩子更好地把握未來。

孩子具有和自己身心發展水準相應的創造萌芽，他們的說和做，都具有「創造」的因素，因此應鼓勵孩子的創造性思維的萌芽和創造性活動的進展。

萊曼又惹禍了，他拆壞了媽媽一支嶄新的手錶，媽媽看到後十分生氣，把萊曼狠狠的教訓一頓，並把這件事向孩子的老師請教。萊曼的老師不贊成媽媽這麼做，風趣地說：「妳將

扼殺了世界上又一個『愛迪生』！」

他和萊曼的媽媽交流說：「孩子的這種行為是創造性思維的一種作用力，妳不該教訓他，而應該為他的創造性思維創造條件，讓他從小有動手的機會。」

「現在我該怎麼做才是正確的？」萊曼的媽媽聽了老師的話，開始向老師尋求解決的辦法。

「不要緊張，我們應該採取措施補救。」萊曼的老師對這個問題提出了提議，「妳嘗試和萊曼一起把手錶送鐘錶行，讓修錶匠一邊給妳修錶，一邊告訴萊曼把錶組裝起來的步驟，然後告訴他手錶的工作原理，那些修理手錶的費用就當是教萊曼的學費吧，這樣，萊曼的創造力就可以得到滿足。」

世上哪位媽媽不希望自己的孩子能緊緊的把握住未來？萊曼的媽媽為了培養孩子好奇心，只好聽從老師的建議，帶著萊曼來到鐘錶行。她向鐘錶師父道明了來意，並請求他給萊曼說一些關於鐘錶的知識。

鐘錶師父在將手錶修好的同時，還為萊曼上了一節生動的「實驗課」。回家後，萊曼還按照師父的傳授仔細琢磨鐘錶的工作原理，還找來許多材料自己研究了一番。媽媽看到萊曼這樣的行為，心想，還好沒有因為自己的衝動，而把自己的孩子毀了。

從那以後，萊曼的媽媽很注重對萊曼創造性思維的引導和創造力的培養，在給他添置玩具的時候常常給他買一些簡單、容易拆裝的，讓他在拆裝玩具一邊培養興趣、一邊增添知識。對於一些結構比較複雜，容易損毀的玩具，萊曼的媽媽還身體力行，並讓他看清楚拆裝的步驟。

媽媽在日常中還幫萊曼收集了許多舊手槍、玩具汽車之類的東西，為他提供拆裝玩具的平臺，漸漸地，萊曼養成了好習慣，他總是一邊拆，一邊思考，每次都十分小心地把一個個拆下來的零件放整齊，仔細研究內部的構造和原理，等琢磨清楚後再按照原來的樣子安裝好，遇到疑問就問媽媽，或者翻書本自己找答案。

於是萊曼的媽媽開始放手讓他自己去體驗。萊曼做得很出色，在琢磨和行動的同時，他嚐到了勞動創造生活的甜蜜，體驗到了成功的喜悅。

萊曼的一雙小手變得靈巧了，他養成了善於觀察、勤於實驗的好習慣，還培養了創造性思維方式，這一切和媽媽的正確引導是分不開的。

孩子自從出生到這個世界上，對一切都會感到好奇，在孩子的內心深處對周圍的世界都懷著一顆去追求和探索的心，在潛移默化中逐漸形成一定的思維方式和行事方式。在這其中，興趣可以使孩子獲得更多的體驗，更重要的是孩子的思維方式在實作中得到了創造性的發揮，變成創造性的實作活動。

創造性思維是孩子創造精神的內在表現，是孩子專注於某一件事情而表現在外的情感表達。有一個媽媽在談起自己孩子創新能力時，講述了一個與蘋果有關的故事，這個故事讓很

女兒悠悠今年四歲，是一個剛上幼兒園小班的小朋友。媽媽每天把她接回家的時候都會問她，在幼兒園學到了什麼新知識、做了什麼事情。有一天，還沒有等到媽媽問她，悠悠就主動到媽媽跟前向媽媽報告幼兒園的「新聞」：「媽媽，我想讓妳看看蘋果的心是長什麼樣的。」說完，她就拿出水果刀，同時從冰箱拿出一顆蘋果，把蘋果一刀切成兩半。

媽媽一看，心裡想：哎呀，怎麼切錯了！平時切蘋果都是從蒂部切至底部凹處，但是悠悠卻把蘋果橫過來攔腰切開了。只見她非常高興地拿著切好的蘋果說：「媽媽，蘋果的心裡面還藏著小星星呢！」讓媽媽意外的是，從橫切面看，蘋果核果然顯示出一個清晰的五角星形狀。

對於很多人來說，都吃過蘋果，正常狀態下，大家都習慣於循規蹈矩地按「正確」的切法切蘋果，誰會發現蘋果裡還藏著小星星呢？孩子能夠不拘舊俗，就是一種創新，家長對這種能力一定要善於發現和培養。

不僅是對於切蘋果的事情，對於第一次做錯事的孩子，很大程度上也是因為出於好奇心或者出於疏忽而想瞭解更多生活中無法瞭解的事情，這些錯誤不一定是壞事，同時也是孩子們創新能力的萌芽。但是，由於一時喪失耐心，一些家長總是喜歡用舊的規矩來約束孩子，這樣的結果便是把孩子的創新能力慢慢消磨掉。

在孩子的成長過程中，媽媽們經常會面臨這樣一些令人頭疼的問題：孩子特別喜歡破壞東西，什麼東西在孩子手裡，沒多久時間就能把它分成很多部分。有部分媽媽為了不讓玩具受破壞，不讓孩子隨意擺弄玩具，更不許孩子將玩具分開。她們沒有想到，這種做法雖然保護了玩具，卻破壞了孩子的探索精神和創新能力。

媽媽的願望一般都是希望孩子能夠獲得更多的知識，但獲得了知識的目的是什麼呢？當然是利用這些知識讓自己的生活變得更好。怎樣才能把知識運用得更好？是按部就班、因循守舊，還是發揮創造性思維面對更好的生活？回答當然是後者。

創新性思維就像是一雙巨大的翅膀，孩子學到的知識運用的程度，依賴這雙翅膀幫助他騰飛。要保護孩子的創新能力，首先應把重點放在培養孩子的自信心上，鼓勵孩子相信自己的眼睛，使孩子悅納自我，並努力讓自我實現。有的媽媽喜歡孩子完全聽自己的，說一不二，完全要求孩子按照自己的意願行事，這樣就會使孩子失去了獨立思考問題的主動性。媽媽應給孩子發揮想像的空間，讓孩子用自己的眼睛看世界。

其次，媽媽應該是個有心人，讓孩子能利用每次機會發揮創造性思維。家裡的各種家具，陽臺上的小植物、小花草，車水馬龍的街道，形態各不相同的建築物，都可以在家長的啟發下讓孩子天馬行空地發揮想像。

再次，允許孩子在一定範圍可以犯錯誤。有的媽媽一面對孩子的錯誤，就教訓、打罵，

這種的做法很容易讓孩子喪失嘗試和探索新事物的興趣。

除了以上的分析以外，做媽媽的還必須知道，創造性思維的發散、創造力的培養需要一種內在的動力，它是對自己感到滿意的一種自我報償的精神反應。過分嬌慣的孩子和放任自流的孩子都不可能有辛勤勞作的體驗，也不可能培育出這種發自內心的精神反應。

【媽媽先知道】

培養創新性思維就是強化孩子未來核心的競爭力。在當下的社會中，培養孩子的創造性思維和增強創新能力顯得尤為重要，它不僅可以開發孩子自身潛能，使學習成績和自身的能力都得到最大限度地提高，而且對孩子走出校園、融入社會、迎接挑戰、創造人生輝煌都有著巨大的影響。

第三節

人生就是勇敢者的遊戲

媽媽心態：失敗了不要緊，還有媽媽呢！

孩子狀態：每次遇到困難總有退路，不知進取。

脆弱膽怯的孩子註定要咀嚼失敗的苦澀，而堅強勇敢的孩子在人生的道路上往往會擁抱幸福和歡笑。

「怕」字當頭，可以總結為眼下的孩子們比較普遍存在的心理疾病。包括日常的每一件小事，很多孩子上學了還不敢獨自睡覺，不敢一人上學或回家，必須大人接送；不敢一個人在夜裡走路，怕這怕那，甚至連自己的影子都害怕；甚至害怕與他人交往，對人際關係敏感，心懷恐懼；在面對挫折失敗時，怕考試不能得滿分，怕老師批評，怕同學笑話。很小的痛苦也會被無限地放大，逼得自己往死胡同裡走，脆弱得經不起一點風雨。有這種懼怕心理的孩子，事情還沒有做，就先把自己打敗了。

在二十世紀初期的美國，有一個為了生活而到處販賣報紙的男孩。曾有一家餐廳把他趕走了很多次，但他站在原地，心裡想著媽媽教育自己的話：「當你去做一件將不會對你有任何壞處而只有好處的事情的時候，要勇敢去做，不要有任何顧慮，說做就做！」這樣他便有了支撐自己的信念，堅持再次走進去，並且手裡拿著更多的報紙。那裡的客人都為他這樣的勇氣所感動，都覺得餐廳老闆沒有必要將他趕出餐廳，並且紛紛解囊買他的報紙。

當他國中剛畢業的時候，媽媽看見他在家裡沒有事情做，就試著讓他在保險公司實習如何銷售保險，在媽媽的指示下，他來到一座辦公大樓前，但他不知道應該怎麼邁開自己的第一步，不敢走進大樓。這時候，他就想起來每次面對問題時候媽媽鼓勵的眼神，於是他鼓起勇氣抱著賣報紙那時「不管被趕出來幾次都要堅持下去」的念頭從一間辦公室走到另一間辦公室，想方設法地勸說人們到保險公司投保人身傷亡損害險。他從底樓一直跑到頂樓，終於爭取到兩位客戶。儘管成績不是很理想，他卻很有成就感，因為這是他第一次銷售保險的成績。

從數量而言，他不是個成功者。但是對於進入這個行業來說，是個新的突破，從此面對客戶進行銷售的時候有了很大的勇氣，與客戶溝通充滿了自信，也不再因為別人的拒絕而感到難堪。

第二天，他賣出了五份保險；當到第三天，賣出的保險增加到了六份……

隨著銷售經驗的逐漸豐富，他成功的機率也在日漸增加。這一年下來，他的興趣更濃烈了，只要是空閒下來的時候，比如放假、學校不上課時，他就跑出去銷售保險，他越做越順利，甚至最多的時候能做到二十多筆。

在他二十歲的時候，他創立了只有他自己一個人的保險經紀公司。在開業第一天，賣出了六十多份保險單。後來，他更是創造一百二十份令人讚嘆的紀錄，以每天八小時計算，每四分鐘就有一次的成交。在不到三十歲時，他已建立了巨大的經紀社，成為令人嘆服的「推銷大王」；二十世紀六、七十年代，已擁有個人資產四億美元之鉅。他就是美國保險公司的董事長克萊門提．史東。

從上面的案例我們可以知道，「勇氣」是克萊門提．史東獲得成功的關鍵性因素，也是他能不斷面對挫折，超越自己，不斷前進的直接動力。

成功是勇敢者的遊戲，而勇敢是一個人不可或缺的心理狀態，正像歌德說的那樣：「你如果失去了財產——你失去了一點；但是，你要是失去了榮譽——你就丟掉許多；你如果失去了勇敢——你就會把一切都失去。」可以說，勇氣是一個人成就人生、立足於社會最重要的基礎。如果在人生的道路上沒有了「勇氣」，孩子是難以面對自己人生路途上的風雨，以及在社會中將面臨的風險。

那麼，到底什麼樣的孩子才會是勇敢的孩子呢？勇敢的孩子一般都具有哪些特徵呢？

首先是外向開朗，坦率直接。孩子能和人正常交往，突破心理障礙；做事情不優柔寡斷、瞻前顧後；學習能力較強、效率較高；在長輩面前，大膽表達自己的觀點；敬佩同齡人；在他人有困難的時候，能夠見義勇為，樂於助人，表現出崇高的道德感情。孩子所表現出來的勇敢不同於狂妄、自負、出風頭，而通常表現出來的是睿智、靈活、沉穩、冷靜，行動具有明確的目的性，並且雷厲風行，說做就做。

其次是意志力堅強，勇於向前。當孩子在獨立面對困難的時候，比一般的孩子都能表現出更頑強的意志。有個孩子曾經在日記中寫道：「摔倒了其實不可怕，可怕的是摔倒後不知道如何爬起來；波濤洶湧也不可怕，可怕的是在面對洶湧波濤的時候失去了鎮定。要知道，在希望與失望的決鬥中，如果你用勇氣去面對挑戰，那麼勝利必屬於希望。」

再次是對生活有激情，並且有創新的意識。一般的孩子只要是個生活中的勇敢者，往往不容易滿足於現有的知識和成績。孩子的這種思維總是表現出興奮、活躍的狀態，他能抓住新的知識，歸納出自己獨特的見解。

當然，在日常的生活中，媽媽還可以有意識地培養孩子勇敢的精神。

1. 對孩子進行榜樣教育。

媽媽可以給孩子講一些不怕困難、不怕犧牲的勇敢者的故事，應該培養孩子勇敢的個性。萬一孩子怕用電，妳可以嘗試和他講美國科學家佛蘭克林發明雷電的故事；如果孩子害怕走路，妳可以給他講講英國探險家斯科特征服南極的故事；如果孩子害怕面對失敗，妳可以和他說說美國大發明家愛迪生，經歷了幾千次失敗最終發明了電燈，說說德國細菌學家埃爾利希怎麼經過幾百次的失敗而發明一種新藥。

2.嘗試讓孩子多參加具有挑戰性的活動。

閒暇的時候，媽媽可以帶孩子去旅遊參觀、登山，或到湖裡去划船、游泳，透過這樣的機會鍛鍊克服困難的勇氣；去公園裡玩，激勵孩子走一走「勇者之路」，如獨木橋、鐵索橋；鼓勵孩子參加體育鍛鍊，參加足球、乒乓球隊，體育活動競爭性強，有助於勇敢精神的培養。同時，還可以讓孩子多到「遊樂園」去玩，鍛鍊他們的心理，鍛鍊他們的膽量。

3.媽媽要用自身經歷且具備勇敢精神故事薰陶孩子。

家裡不管發生了多麼不幸的事情，做為媽媽首先要冷靜、沉著地處理，自己不要慌亂、驚慌失措。倘若媽媽都能勇敢沉著地面對面前的一切風波，孩子也將會沉著勇敢起來。如果孩子對黑夜懼怕，晚上的時候媽媽可以帶著孩子去散步，讓孩子感受夜的靜謐。如果孩子害怕在關了燈的房間待著，媽媽可以嘗試和孩子一起在黑屋子裡玩，嘗試多次，孩子就再也不

怕黑暗了。

4.要多培養孩子自己生活的能力。

媽媽要選擇相信自己孩子的生活能力，在他力所能及的範圍內自己動手做事情，在生活中遇到問題的時候要盡量解決，同時要培養孩子面對失敗、百折不撓、勇敢頑強的精神，讓孩子遠離媽媽的懷抱，獨立行走。有一次，一位學者到美國參觀一家幼兒園時，見到一個小女孩正在很吃力的繫鞋帶，就對她說：「需要我來幫妳嗎？」小孩回答說：「你知道我幾歲了嗎？我都快三歲半了，我自己可以把鞋帶繫上，謝謝你！」這個充滿自信的孩子一定是勇敢的孩子。

5.有的孩子雖說不怕困難，但讓他在眾人面前給大家講個故事的時候，他又害羞扭捏，其實這也是一種不勇敢的行為。

當媽媽發現自己的孩子有這種情況的時候，要尋找機會讓孩子參加社交活動，鼓勵孩子多講話，多發表自己的意見，用多種方式引導自己和同齡朋友交往，有意識地幫助孩子展開交友活動，如邀請孩子要好的小朋友到自己家中作客，或和孩子們一起親近大自然，積極營造一種愉快、和諧的氛圍。在這種氛圍中，孩子的個性可以盡情展現，沒有任何的顧忌。

如果妳的孩子是很膽小很害羞的，那麼做媽媽的不能掉以輕心，也不能太緊張。其實，只要媽媽用心的訓練孩子，孩子會變得勇敢起來。只要孩子具有了一顆勇敢的心，媽媽就不需要對孩子的將來有再多的擔心！因為在人生的旅途中，孩子一定能用勇敢的心去克服面臨的各種困難，而且也能憑著自己的勇敢去贏取事業上的成功。

可以說，媽媽給了孩子「勇氣」就等於給了孩子「好運氣」。

【媽媽先知道】

現代社會競爭很激烈，每一個人在社會中都需要具有較強的應變能力、適應能力。孩子是社會未來的主人，只有具備無所畏懼的心理素質和競爭狀態，才不會被洶湧的社會浪潮所淘汰。

第四節

具有幽默感的孩子更聰明

媽媽心態：幽默就是油嘴滑舌，小孩子還是中規中矩的好。

孩子狀態：缺乏樂觀積極的心態和機智敏捷的思維。

幽默感是一種美好的、健康的、難能可貴的品格，它有助於人們從平淡無味的生活中找到樂趣，淡化人們的不良情緒。培養孩子的幽默感不僅能造就孩子樂觀開朗的個性，陶冶孩子的情操，還能活躍孩子的思維，培養孩子對周圍事物的觀察力和創造力。

在優勝劣汰的市場經濟社會中，競爭日趨激烈，人們為了獲得幸福美滿的生活都在努力打拼，大家都承受著巨大的心理壓力。面對這樣的壓力，樂觀向上的人能夠在繁忙的生活中找到樂趣，化壓力為動力，他們會活得輕鬆自如；而悲觀消極的人總覺得生活中沒有任何樂趣可言，他們總覺得活著沒意思。

其實生活對每個人來說都是一樣的，關鍵在於我們會不會自我調節，如果我們抱著積極的心態生活，生活中到處都有樂趣的存在；如果我們總是把注意力放在不幸的事情上，我們當然看不到樂趣的影子。生活中不如意的事情很多，通往成功的道路上也不可能是一帆風順的，失敗和挫折都是難免的，孩子如果想戰勝生活中的各種困難，就必須有一個樂觀積極、堅忍不拔的個性。媽媽們都希望自己的孩子過得幸福，希望他們成長為一個性格開朗的樂天派。那麼如何讓孩子擁有一個樂觀積極的心理呢？這就需要培養孩子的幽默感。

幽默感是一種美好的、健康的、難能可貴的品格，它有助於人們從平淡無味的生活中找到樂趣，淡化人們的不良情緒。幽默感還有助於人與人之間建立和諧愉快的關係，是人際交往的調味劑。此外，幽默還是一個人擁有智慧的表現，擁有極強幽默感的人往往知識淵博，思維機智敏捷。

培養孩子的幽默感不僅能造就孩子樂觀開朗的性格，陶冶孩子的情操，還能活躍孩子的思維，培養孩子對周圍事物的觀察力和創造力。我們不難發現，擁有幽默感的人無論走到哪裡都會成為人群中的焦點，他們在不知不覺中就能挑動周圍的氣氛，給他人帶來歡笑，同時也使自己獲得快樂，這種人非常受大家的歡迎。所以培養孩子的幽默感也有助於孩子與他人建立深厚的友誼。

孩子的幽默感不是隨隨便便就發展起來的，它與以下三方面因素有著必然的關聯：

1. 孩子的語言識別能力。

隨著年齡的增長，孩子的語言識別能力發展到一定程度時就定型了，這時他就能夠判斷出哪些事情有趣，並做出相應的反應，比如哈哈大笑之類的。另外，孩子的幽默感與大人的幽默感是不盡相同的，表達方式也是不一樣的。

2. 孩子從父母那裡得到的疼愛和關心。

研究發現，在幼兒時能夠與父母在一起並且能夠得到父母較多疼愛和關心的孩子，更容易擁有較好的幽默感。媽媽們如果想使孩子成為一個樂觀積極、性格開朗並具有幽默感的人，就應該給予孩子更多的疼愛和關心。

3. 孩子生活和學習的氛圍。

孩子生活和學習的氛圍與孩子幽默感的發展有著至關重要的關聯，如果孩子長期處在一個輕鬆愉快的生活和學習氛圍中，他就能更多的體會到人生的樂趣，也能抱著一種積極態度對待身邊的人和事物。媽媽們如果想培養孩子的幽默感，就要盡可能地為孩子創造輕鬆愉快的生活和學習氣氛，不要過多地給孩子壓力。

我們經常聽到人們這樣說：「你的孩子和你好像呀！連性格都很像。」沒錯，父母身上的很多特徵，包括外貌、個性、脾氣秉性等等，都會不同程度的遺傳給孩子。因此孩子的幽默感有一小部分源於先天因素，跟父母的遺傳因數有一定的關係。父母如果是有豐富幽默感的人，那麼孩子也會較早地表現出對幽默的理解力和表現力。

廖先生是個有幽默感的人，他五歲的兒子似乎遺傳了這一點，孩子總是不時的表現出自己的幽默感。比如，廖先生每天下班回家的時間都較為固定，有一次，廖先生敲門，妻子跟兒子說：「應該是你爸爸回來了！」兒子高興地跑到門邊，怪聲怪氣地問道：「你是誰呀？」廖先生粗聲粗氣地回答道：「小綿羊，我是大灰狼呀！」兒子輕輕地把門打開後轉身就跑，嘴裡還叫著：「哇！大灰狼來了！媽媽媽媽，快救救我呀！」兒子跑到妻子身後，裝出一副很害怕的樣子。廖先生換好衣服，坐在沙發上喝水，他本以為孩子已經忘記剛才的事情了，誰知兒子躡手躡腳地走到他旁邊，爬到沙發上，摟著他的脖子，大叫道：「大灰狼，我抓住你了！看你往哪跑！」

一天晚上，兒子洗完澡刷完牙之後正準備睡覺，他突然對妻子說渴了，於是媽媽就給兒子倒了一杯白開水。兒子看著白開水嬉皮笑臉地說：「媽媽，我想喝點有滋味的水。」媽媽問道：「有滋味的水？不明白！」兒子又說：「比如甜的！」媽媽擺出一副生氣的樣子，兒子看到媽媽的表情，連忙說道：「如果甜的不行，那我就喝點苦的吧！」媽媽覺得孩子太可

愛了，笑著說道：「你還是喝沒味道的水最好！」兒子假裝無奈，唉聲嘆氣道：「唉！那好吧！」

不過孩子的幽默感不是完全由天性決定，大部分是靠後天的培養。幽默感的培養和孩子生活的家庭環境有很大的關係，它是可以透過感染和傳遞獲得的，這樣看來父母的薰陶就變得尤為重要了。

無論是先天的遺傳還是後天的培養，孩子幽默感的形成都與父母有著密不可分的關係。父母如果缺乏幽默感，就不能在生活中為孩子營造一種幽默的氛圍，孩子感受不到幽默當然就很難擁有幽默感。父母如果想幫助孩子成為一個具有幽默感的人，就必須從自我做起，首先使自己成為一個有幽默感的人。父母不具備幽默感，孩子也很難具備幽默感。

具有幽默感的人很容易和他人相處，也容易獲得他人喜愛和信任。孩子的自尊心很強，他們都渴望得到別人的喜愛和讚揚。具有幽默感的孩子往往活潑開朗，寬厚大度，喜歡與他人交談，也更容易獲得別人的讚賞，這有助於增強他們的自信心，對孩子的身心健康有很大的好處。

樂觀積極的心態是幽默感形成的根本，所以媽媽們要注意在平時生活中幫助孩子建立自信心，培養孩子不怕失敗和挫折，勇敢面對困難的精神。此外，媽媽們應該拋棄一些沒用的舊觀念，例如：「幽默就是油嘴滑舌，小孩子還是中規中矩的好！」孩子幽默絕對是一個好的優點，媽媽們應該發揚孩子的這個優點。

要培養孩子的幽默感首先應該培養孩子欣賞別人幽默感的能力。幽默感的形成和知識量的累積是分不開的。孩子畢竟還小，不可能具備很大的知識量，不過這可以靠時間的累積，媽媽們不要急於求成，要幫助孩子逐步的擴大知識量。媽媽們首先應該在日常生活和學習中幫助孩子累積豐富的辭彙量，因為辭彙是語言的基礎。孩子辭彙量擴大了，就可以更清晰、更詳細地表達自己的幽默。

不同個性的孩子在幽默感的表達上也截然不同，個性活潑的孩子在表達自己幽默感的時候比較直接，而個性內向的孩子在表達自己幽默感的時候卻比較含蓄。媽媽們不要按照統一的標準要求孩子，而是應該盡量幫助孩子形成屬於自己獨特的幽默感。

孩子無論以什麼形式表達自己的幽默感，基本上都是發自內心的，這一點媽媽們要給予肯定。因為只有自然而然流露出來的幽默感才是真正的幽默感，這種幽默感既使人愉快又給人一種舒服的感覺。媽媽們千萬不要教孩子故意假幽默，這樣做不但不能培養孩子的幽默感，還容易使孩子變得油嘴滑舌。

很多父母在教育孩子的時候都過於嚴肅，父母甚至動不動就對孩子進行棍棒教育，把原本應該輕鬆愉快的家庭氣氛弄得緊張兮兮的。其實父母完全可以換一種教育孩子的方式，以打罵的方式教育孩子不一定會使孩子變得聽話，反而會激起孩子的叛逆心理；以幽默的方式教育孩子也許更能收到良好的效果，孩子會心悅誠服的聽父母的話，而且也有助於培養孩子

的幽默感。

家庭教育的方式不是單一不變的，媽媽們應該本著有利於孩子健康成長原則來教育孩子。幽默教育是一種輕鬆而有效的教育方式，它能促進家長與孩子之間的溝通，孩子既能在輕鬆愉快的氣氛中接受父母的批評，父母也不用大發雷霆，同時還能避免傷孩子的心，破壞孩子與父母之間的感情。

露露今年五歲，是個聽話的好孩子，可是有一點讓媽媽很頭疼——露露不好好吃飯。有一次，媽媽帶著露露到鄉下的親戚家玩。親戚家養了一條大狼狗，這狗看到露露就衝著她大叫，露露嚇得趕緊躲到媽媽身後。從親戚家回來的路上，露露問媽媽：「媽媽，狗為什麼對著我叫呀！太可怕了！」媽媽反問露露道：「妳說狗愛吃什麼呀？」「當然是骨頭啦！」媽媽笑著說：「妳看妳每天不好好吃飯，這麼瘦，沒有肉只有骨頭，媽媽又沒給狗打電話通知，所以狗就以為妳是骨頭呢！」露露聽完媽媽的話，點點頭說：「看來我得多吃飯了，要是下次媽媽再忘記給狗打電話，牠又把我當骨頭了。」

媽媽在教育孩子的時候要講究方式方法，能用和平方式解決的問題一定不要選擇大動肝火，幽默教育更容易讓孩子接受。露露的媽媽很聰明，用一種幽默的方式告訴孩子不好好吃飯的後果，在愉快的氛圍中就解決了孩子不吃飯的問題。如果露露的媽媽選擇打罵孩子，問題不一定能解決，還會使孩子不高興。

培養孩子的幽默感對孩子的健康成長很重要，媽媽們可以選擇很多方式培養孩子的幽默感，比如每天給孩子講一個幽默小故事，讓孩子在故事中體會幽默。無論媽媽們用什麼方式，最基本的就是給孩子創造一個輕鬆愉快的生活氛圍，讓孩子在笑聲中成長，孩子只有擁有樂觀向上的性格和積極的生活態度，才能更好的面對人生。

【媽媽先知道】

孩子生活和學習的氛圍與孩子幽默感的發展有著至關重要的關聯，如果長期處在一個輕鬆愉快的生活和學習氛圍中，他就能更多的體會到人生的樂趣，也能抱著一種積極態度對待身邊的人和事物。媽媽們如果想培養孩子的幽默感，就要盡可能地為孩子創造輕鬆愉快的生活和學習氣氛，不要過多地給孩子壓力。以幽默的方式教育孩子也許更能收到良好的效果，孩子會心悅誠服的聽父母的話，而且也有助於培養孩子的幽默感。

第五節

孩子的「錢程」是規劃出來的

媽媽心態：等到孩子大了，就會懂得錢來之不易。

孩子狀態：有一天沒有錢了，開始羨慕那些有錢人。

媽媽們應該在孩子年紀尚小的時候，幫孩子養成一個正確的花錢習慣。孩子從小就學會如何理財，這對他們來說是有百利而無一害的事情。

孩子花錢是件平常事，可是這件平常事裡邊可大有學問。很多父母都處理不好孩子花錢這件事情，問題的關鍵在於他們把握不好分寸，給的多了容易使孩子養成亂花錢的壞毛病，給的少了孩子不高興。有些父母在這件事情上不會拒絕孩子，孩子提出的要求再無理，只要他們一哭鬧，父母就雙手投降掏錢包，很多孩子都把這套招數用得很嫻熟。

父母們，尤其是媽媽們，在花錢這件事情上一定要學會適當拒絕孩子的要求，不要以愛孩子為理由，滿足孩子任何花錢的要求，孩子說要多少零用錢就給多少，說買什麼就買什麼。很多父母平時工作很忙，沒有時間多陪孩子，於是他們就用給孩子更多零用錢的方式彌補，可是這種方式在減弱父母內疚心理的同時也助長了孩子不知滿足的壞習慣，這對孩子是有百害而無一利的。生活中也存在這麼一種父母，只要孩子一提錢他們就教訓孩子：「你要錢幹什麼，每天有吃有喝的，哪兒需要用錢呀？下次不許再提這種無理的要求！」

媽媽們應該理性地對待孩子提出的要求，要求合理就該滿足孩子，不合理就應斷然拒絕，不能不假思索地全部接受或者全部否定。縱容孩子花錢固然不對，但是一點零用錢不給孩子也不正確，媽媽們不要認為孩子就沒有任何用錢的地方，媽媽們應該教給孩子的是正確的金錢觀，包括什麼是錢、錢是如何賺來的、應該如何花錢等等。做什麼事情都不能走極端，教育孩子更是這樣。不管是接受孩子的要求還是拒絕孩子的要求，都應該心平氣和地向孩子講明道理，千萬不能立刻就一頓指責甚至謾罵，這樣不但不能讓孩子明白媽媽們拒絕他們的理由，還會傷孩子們的心，使他們產生恐懼，萬一以後他們真的有需要用錢的地方，他們就不敢跟媽媽開口，就會從別的管道去弄錢，這是媽媽們都不想看到的情況。

現在的孩子一般是如何支配零用錢的呢？如今的孩子不比從前，口袋裡可不是囊中羞澀，多多少少會有些零用錢。孩子們用這些零用錢幹什麼呢？不可否認，現在大多數孩子的零用錢都花在了自己吃零食或者玩樂上了，在學習方面的花費，他們除了用自己少量的零用錢買些喜歡的文具外，一般來說，要是再買學習用的課外書籍，他們往往會選擇讓父母直接掏錢買。很多孩子都不把零用錢花在學習等所謂的「冤枉的地方」，他們認為把零用錢花在

買零食、上網咖、買漂亮衣服等方面才更划算。大部分孩子不會為錢發愁，因為他們不用為吃穿住行發愁，零用錢花完了父母還會再給，這樣一來，他們對錢這個來之不易的東西完全沒有概念，所以對於理財是怎麼回事就更不知道了。

可以說，現在的孩子大多都不太瞭解錢的真正意義，也不懂得錢是用父母辛勤的勞動換來的。他們在父母的寵愛下長大，衣來伸手飯來張口的生活使他們養成了胡亂花錢的習慣。家長們辛辛苦苦地賺錢，每天都在為如何賺到更多的錢傷腦筋，他們恨不得把一分錢掰成兩半花。可是孩子們卻不知道賺錢的艱難，花起錢來總是大手大腳，一點都不懂得節省。所以，媽媽們在給孩子零用錢時，要對錢的去向做到心中有數，避免孩子亂花錢。

可是現實生活中，我們身邊縱容孩子亂花錢的父母卻比比皆是，他們總認為現在生活水準提高了，孩子們不應該再受苦，花幾個錢不算什麼，只要孩子高興就行。殊不知，父母的縱容會使孩子們的壞習慣進一步加深，他們更加不拿錢當回事了，覺得賺錢特別容易。家長試想一下，當孩子們將來長大後面對這個「賺錢難，賺大錢難上加難」的社會時，他們該怎麼辦？一旦他們大手大腳慣了，如果有一天突然沒有錢花了，他們怎麼承受？會不會去偷去搶？這是父母們應該去嚴肅考慮的問題。

媽媽們心疼孩子，總認為孩子還小，長大以後一定會明白賺錢不容易的道理，現在就不要捨不得讓他們花錢了。這種想法大家都能夠理解，但是媽媽們要明白孩子的某些壞習慣都是在兒時養成的，習慣一旦養成了就很難改掉的。

孩子們最大筆的零用錢來自於壓歲錢。孩子們每次過年都能大賺一筆，很多孩子有了壓歲錢後就亂花，既沒有規劃也不懂得節制，而是隨心所欲地想買什麼就買什麼。媽媽們應該從孩子的這一筆錢上教會孩子理財，讓他們明白即使是壓歲錢也不是白來的，要懂得如何花錢，要有節制。

玲玲今年十歲，每年春節她都能賺到很多壓歲錢。媽媽每年都替她保管這筆錢，可是今年，媽媽準備讓孩子學會自己支配壓歲錢。要想讓孩子理好這筆錢，就要先讓她懂得壓歲錢的珍貴，花錢要有節制，於是媽媽對玲玲說：「孩子，今年媽媽不替妳保管壓歲錢了，妳自己支配。」玲玲高興的不得了：「真的嗎？我可以自己管？」媽媽說：「當然，妳準備怎麼感謝媽媽？」玲玲想了想說：「我請媽媽吃麥當勞！」

週六中午，玲玲和媽媽按照約定去吃麥當勞，玲玲大方地掏出錢對媽媽說：「媽媽今天我請客，您想吃什麼都行！」媽媽沒有對玲玲客氣，想吃什麼點什麼。母女倆吃完麥當勞後，就到附近的商場裡逛逛，這時玲玲又對媽媽說：「媽媽，我再送您一個禮物吧！您想要什麼？」媽媽想了想，該不該讓女兒花這筆錢呢？經過一番思索後，她決定敲女兒的竹槓，狠宰女兒一把，這樣做的目的是讓女兒明白花錢要節制。正好自己的化妝品快用完了，於是媽媽就讓玲玲送自己一套化妝品，玲玲不假思索地答應了。她們來到化妝品櫃檯前，媽媽選好了一整套，價格很貴，玲玲看到這個價格有點心疼自己的壓歲錢了，可是已經答應了媽媽

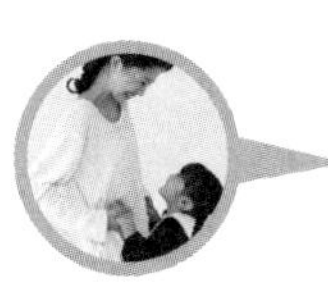

又不能反悔，就這樣玲玲不情願地為媽媽買下了這套化妝品。

一星期後，媽媽又提出讓玲玲請她吃肯德基，玲玲著急地說：「上星期不是吃過麥當勞了嘛？這些都是垃圾食品，常吃不好。」平時媽媽經常對玲玲說要少吃垃圾食品，可是玲玲卻當作耳邊風，現在居然自己說出不能吃垃圾食品，媽媽看出自己的方法已經開始奏效了。

新學期就要開始了，媽媽對玲玲說學雜費等各種費用要用她自己的壓歲錢繳，玲玲有些不高興地說自己的壓歲錢都快用完了，並想讓媽媽替她繳，可是媽媽堅持要玲玲自己繳。玲玲心疼所剩無幾的壓歲錢，委屈地哭了起來，媽媽語重心長地對玲玲說：「媽媽這麼做是為了讓妳明白任何錢都不是大風刮來的，妳必須懂得珍惜，花錢不能大手大腳。」玲玲邊哭邊說：「媽媽，我已經明白了，以後再也不亂花錢了！」

玲玲雖然哭了一鼻子，媽媽還是沒有妥協，學雜費還是玲玲用自己的壓歲錢繳的。從那以後，玲玲不再亂花錢了，無論是每年的壓歲錢還是平時的零用錢她都做了詳細的規劃，每用一筆錢都記在自己的小帳本上。

對於孩子來說壓歲錢的用法很多，最普遍的有以下幾種：

1. 開一個專門存壓歲錢的帳戶。

孩子們每年都會有壓歲錢，媽媽們應該在銀行為孩子專門開設一個存壓歲錢的銀行帳戶，把壓歲錢集中地存起來，有需要的時候再取。這樣既能避免孩子很快地把壓歲錢胡亂花掉，又可以使孩子從小養成存錢的好習慣。

2.用在學習方面。

媽媽們可以讓孩子們把壓歲錢用來繳學費、買課外輔導書、訂閱報刊雜誌、報名輔導班等等，很多家長都選擇這樣的方法。其實這種方法是最普通又最有意義的，每個家庭花在孩子學習上的錢都是很大的一筆開銷，既能減輕家中的經濟負擔，又能使壓歲錢發揮最有效的作用，壓歲錢花在哪兒都不如花在孩子們的學習上有意義。

3.用於獻愛心活動。

學校裡經常舉行獻愛心活動，比如為災區、貧困地區的小朋友提供幫助、捐助希望工程、為失學的小朋友獻愛心等活動。現在的很多的小孩有自私自利的壞習慣，媽媽們可以讓孩子們用自己壓歲錢中的一小部分用來做慈善活動，進而培養孩子樂於助人的思想。

4.用於貼補家用。

與其讓孩子們把壓歲錢胡亂花掉，不如讓他們拿出一部分壓歲錢貼補家用，比如補貼生

活費、為家裡添置東西等等。孩子也是家中的一員，媽媽們應該從小培養孩子對家庭的責任心，尤其是男孩子。

家長們總認為孩子們還太小，總是不願意跟他們說家裡的事情，尤其是涉及到錢的事情，所以很多孩子對家中的經濟情況都不是很瞭解。大多數家長認為過早的和孩子談論金錢問題不利於他們健康成長，他們總想給孩子最好的生活，即使家境貧困，家長們也不願意讓孩子們來承擔家中的經濟負擔，所以我們常常聽到家長們對孩子這樣說：「你不要操心家裡的事情，把心思放在學習上，只有你好好學習，我們再苦再累也沒關係。」

家長們這麼做究竟對不對呢？不和孩子過多的談論金錢是有一定的道理的，不能說不對，但是這樣做也會為孩子帶來一些不好的影響。孩子畢竟是要長大的，總有一天會面臨金錢問題，家長們想讓孩子完全不考慮金錢問題既不現實也對孩子不利。

曾梅和丈夫都是普通工人，工資水準很一般，他們有個八歲的兒子，雖然無法過得像大富大貴的日子，可是一家三口的小日子過得很溫馨。曾梅不像別的媽媽那樣縱容孩子大手大腳的花錢，她從小就教育孩子賺錢是很辛苦的事情，告訴他要珍惜父母賺來的錢。兒子上小學那年，曾梅就告訴孩子他們夫妻兩人每月的工資是多少，並把家裡每個月的小帳本拿給孩子看。她要求孩子把平時零用錢是怎麼花的一筆一筆記清楚，對孩子必須花的錢她從來不吝嗇，對沒必要花的錢她也從不縱容兒子亂花。

後來曾梅發現自己的做法是正確的，兒子非常懂事，也特別有責任心，從不提出過分的要求，而且兒子對自己零用錢的使用規劃的井井有條。由於經常記帳，總和數字打交道，兒子對數學非常感興趣，成績特別好。曾梅認為從小培養孩子理財，使兒子正確認識金錢對孩子的成長是有幫助的。

有一位專家指出，所有的父母都有能力培養孩子的經濟頭腦，也能夠讓孩子養成良好的理財習慣。針對不同年齡層的孩子，父母都應該進行不同的理財教育。對於孩子進行理財教育往往是越早效果越好。那些受到良好理財教育的孩子，他們長大後都能形成正確的金錢觀和物質觀，也更容易獲得成功。媽媽們不妨借鑑一下曾梅媽媽的做法，使孩子從小養成正確的金錢觀。

【媽媽先知道】

孩子們花錢大手大腳的很大一部分原因是，因為他們根本不懂得父母賺錢的艱辛，他們總認為錢是很容易就可以獲得的。媽媽們最應該做的事情不是讓孩子遠離金錢問題，而是應該教會孩子如何正確對待金錢，如何理財，告訴他們金錢是來之不易的，使他們儘早形成正確的金錢觀，這對他們日後的成長是非常有利的。

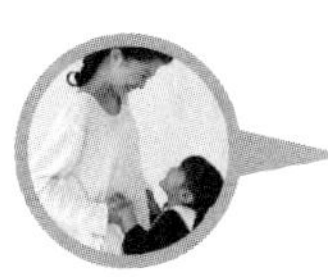

第六節

讓「正確的愛」緊繫母子

媽媽心態：無論是什麼愛，都一股腦用到孩子身上。

孩子狀態：不能得到正確的人生觀指引。

說起對孩子的愛，這是每個母親都會做的事情。但我們所要求媽媽做的，不僅要給予孩子愛，還要懂得如何去愛。

孩子是媽媽最優秀的「作品」，是媽媽用愛呼求而來的恩典。當妳決定讓生命更加豐富時，孩子便來到妳的面前。每一剎那，媽媽看著孩子們天真無邪的雙眼時，都會被那生命的喜悅所懾服。當孩子臉上綻放出笑容，如同清晨的陽光時，在那一刻，溫暖的光芒就會撫慰著媽媽的心。

媽媽們會在孩子身上，讚嘆生命的奧妙。媽媽們會毫無保留地奉獻自己，並許諾要盡自己全部心力去愛自己的孩子，給予自己的一切。

愛是人的天性，每個人都渴望得到別人的愛，同時也向別人付出自己的愛。在所有的愛中，媽媽與孩子的愛是最為牢固的。

媽媽對孩子的愛不僅令孩子感到快樂、溫暖，同時也培養、引導著孩子愛別人的天性。一個從小沐浴在媽媽真愛中的孩子，一個愛媽媽也愛他人的孩子，永遠不會悲觀、孤獨、寂寞、彷徨，他們長大後會成為成功者。

在湯姆兩歲的時候，有一次好幾天高燒不止，高燒退了後，他就留下了長期咳嗽的毛病。從此以後，不停頓的咳嗽常常使他想說出的話，因為咳嗽而說不完整或說不下去。就這樣，他慢慢地落下了口吃的毛病。因為這個毛病，他總是受到同學們的嘲笑。

有一次上課時，有個同學在下面偷偷地笑，老師以為是湯姆在笑，就大聲對湯姆說：「你不願意聽課就出去，不要在課堂上影響其他同學。」湯姆十分委屈地站起身來，辯解說：「不……不……不是……」。

他其實想說的是：「不是我在笑。」結果一著急說不出話來了，一連說了好幾個「不」字。老師生氣地說：「不什麼！你上課說話，還不服氣！你給我出去！」湯姆急得直掉眼淚。

在放學回家的路上，同學們也因為這件事而不斷嘲笑他。回到家後，他氣呼呼地坐在自己的房間裡，誰也不理。媽媽一看，心想：「這孩子一定是在外面受了什麼委屈了。」於是

就問湯姆原因。她聽完兒子的述說後，微笑著說道：「孩子，有什麼好氣的，如果換做是媽媽的話，媽媽會把這當成是對自己的一種觸動。」

「觸動？」小湯姆疑惑地問。

媽媽說：「孩子，媽媽非常愛你！我相信我的湯姆不會在上課的時候做那些令人討厭的事情，也知道你的同學總是因為你的口吃而嘲笑你。但是，這並不重要。重要的是，你是一個好孩子。瞭解你的人會相信你，你也要相信自己，不要生活在別人嘲笑的陰影中。老師為什麼聽不明白你說的話？同學們為什麼總是嘲笑你？不就是因為你的口吃嗎？那就把口吃的毛病改掉，讓他們瞧瞧，我就是能好好地說話，我不比你們差！媽媽相信你一定能夠克服這個毛病！」

湯姆一下子就明白了自己該做什麼了。從此，湯姆聽從媽媽的建議，每天早上起來練唱歌，晚上練演講，通常一練就是一個小時以上。無論在課堂上，還是在家裡，他都不斷地練習朗讀課文。

幾個月的時間不知不覺就過去了，湯姆不僅可以流利地說出任何自己想說的話，還大大地提高了邏輯思維能力和語言表達能力，為他以後的演講能力的提高打下了堅實的基礎。

口吃的小湯姆正因為媽媽無限的愛，最終成為了一名知名的成功學大師。有一個哲學家講過這樣一段話：「媽媽們只想到怎樣保護、關愛自己的孩子，這還不夠。媽媽們更應該教他在成人後怎樣保護自己，教他承受住命運的摧殘，教他不要把豪華與貧困看得過於重要，教他在冰島肆虐的冰天雪地裡或者馬爾塔灼熱的海邊岩石上也能夠生活。因為，媽媽的愛不僅包含小小的溺愛，更應該包含強硬的引導之愛、殘酷的喝斥之愛等。」

每個好媽媽都要經常記得：媽媽是孩子的最後一道屏障。無論在任何時候，媽媽們都要始終不渝地關心自己孩子的成長，關心孩子的健康與心理狀態。無論你是得意還是失意，無論你是躊躇滿志還是筋疲力盡，無論你是成功還是失敗，都要給予孩子正確的愛。讓孩子能親身感受到妳在用心地愛著他、支持他，媽媽永遠是他堅實的後盾。無論發生任何情況，媽媽都不會改變對他一如既往的愛。

很多媽媽給予孩子的愛是錯誤的原因：就是她們沒有分清愛，不知道什麼是正確的愛。愛分很多種，那些導致孩子向媽媽們不希望的方向發展的愛有：

畸形的愛：媽媽總是讓自己的孩子想做什麼就做什麼，成為了家中的「小皇帝」、「小公主」。孩子往往無法承受現實生活對於他的要求，變得自私、目中無人，感受不到其他人同他一樣有著愛與需要。

獨斷專行的愛：媽媽們把孩子當成了自己手中的一個物品，想怎樣就怎樣。從來不給予孩子應有的自由、尊重與信任。這種錯誤的愛使得孩子們曲解人性，不再相信任何人，使得孩子變得越來越暴躁、兇狠無情。

物質滿足的愛：媽媽認為只要滿足了孩子的物質需要，就算是履行了媽媽應有的職責。

其實，塑造孩子成為真正意義上的人是一項長期而複雜的工作。媽媽們要知道，妳的愛最重要的是要教會孩子認識人、尊重人、理解人。孩子的高尚品格是幫助他建立正確人生的必經之路，而媽媽們正確的愛是搭建這條通往正確人生之路的基石。

豔豔今年就升國中三年級了，為了即將到來的升學考試，媽媽比她還要心急。媽媽一直希望豔豔能夠考上知名高中，然後順利考上知名大學。可是，豔豔的學習成績一直很一般，班主任曾經善意地建議豔豔考職業中學。媽媽知道後，勃然大怒，她是一個好強的人，覺得班主任這麼評價自己的女兒，就是看不起孩子。媽媽發誓說：「我非要讓我的女兒考上知名高中不可！」

從此後，媽媽就給豔豔下了一道死命令：「為了媽媽，妳一定要考上知名高中，讓妳的老師好好瞧瞧！」為此，媽媽縮短了豔豔的休息時間，剛開始的時候女兒被弄得每天連吃飯都在打瞌睡，後來連睡覺也睡不著了。女兒經常看著天花板發呆，還時不時問媽媽：「我考不上知名高中可怎麼辦？」每當這時，媽媽就哭淚抹淚地哀求豔豔：「女兒，媽媽對妳的期望很高，媽媽相信妳一定能考上知名高中。為了媽媽，現在一定要挺住，每天少睡兩個小時，妳就能考上。」

女兒只好每天勉強地支撐著，疲憊每天都掛在臉上。一年就這樣過去了，可是豔豔還是因為基礎差，沒有考上知名高中。女兒得知這個消息後，竟然整個人變得恍恍惚惚、瘋瘋癲癲起來。

豔豔的媽媽因為「恨鐵不成鋼」，因為要強，就以所謂「愛」的名義要求、逼迫自己的女兒超過自己能力的去學習。長期的精神壓力加上無法得到很好的休息，使得豔豔承受著巨大的壓力，最終孩子被壓垮了。

這種情況在生活中並不少見，很多媽媽都會不經意地把自己美好的願望強加到孩子的頭上，而不是著眼於孩子的動力。從不知讓孩子學會自己從主觀上熱愛學習，努力學習，考出一個好成績。

即使孩子的天賦、能力、興趣、愛好與媽媽所想不同，媽媽也總是從自己的夢想、願望出發，替孩子打造理想的世界。為了使孩子認同自己的願望與夢想，甚至將親情這張「牌」打出來，無情地剝奪了孩子打造自己生活的權利。

親愛的媽媽們，請妳不要以所謂的「愛」來做為籌碼，將自己的夢想與願望做成枷鎖，禁錮孩子。孩子們也有自己想要的生活，也有為自己的夢想而奮鬥的權利與自由。

如果妳想讓妳的孩子茁壯成長，就需要從孩子小時候做起，從他們生活的點點滴滴做起，用正確的愛去關懷、鍛鍊他們，讓孩子去做力所能及的一切事情，學會解決生活中遇到的難題。同時，媽媽們要多聽聽孩子的意見，多站在孩子的角度去考慮問題，不要認為自己所做的一切都是為了孩子，就可以對孩子做出一切。

【媽媽先知道】

媽媽是孩子的最後一道屏障，應該對孩子發揮過濾與保護的作用。媽媽幫助孩子獲得生活能力的愛應該是：分享，不是教導；邀請，不是要求；關懷，不是干涉；尊重，不是放縱；叮嚀，不是嘮叨。媽媽要給予孩子正確的愛，讓它成為母子之間聯繫的紐帶。

第七節

謙謙君子要從小培養

媽媽心態：孩子學習好才是硬道理。

孩子狀態：成績雖好，品德欠缺。

媽媽們最關心孩子的學習成績和身體健康，往往忽視了對孩子的品德教育，這是國內父母教育孩子比較欠缺的一個方面。為了孩子長大後能成為真正合格的人，媽媽們必須轉變對孩子的教育方式，把注意力更多的轉向對孩子的品德教育上來，使教育的天平變得平衡。

我們常說知識就是力量，擁有豐富的知識才能有獲得成功的資本。現在社會競爭越來越激烈，沒有知識很難找到好工作，所以家長們常常對自己的孩子說：「你一定要好好讀書，只要學習得好，將來才能有出息，才能吃香的喝辣的。」然而，孩子長大後能否成為一個成功的人，不僅僅取決於他們擁有的知識量，還取決於他們是否具有優秀的品格，而且從某種程度上說，後者佔得比重更大一些。關心孩子的學習成績和身體健康，往往忽視了對孩

子的品德教育，這是國內媽媽教育孩子比較欠缺的一個方面。在這一點上我們應該向西方國家學習，比如英國媽媽的家教方法。

英國媽媽非常重視孩子們的品德教育，她們透過各種方式，讓孩子學會如何適應身邊的環境，如何與他人相處，如何成為一個合格的人。英國有著自己的核心道德觀，比如尊重生命、誠實、公平、守信等。在不妨礙別人的前提下照顧自己；拋棄以欺騙他人的方式取勝的錯誤做法；不把輸贏看得太重，關鍵是享受過程。這三點是每個英國孩子必須學會的處事常識。此外，英國媽媽還認為對孩子的品德教育應該是潛移默化的，她們不贊成讓孩子們背誦道德守則，而是鼓勵孩子從平時做起，在每天的生活和學習過程中，體會品德教育的真諦。

國內的媽媽並不否認品德教育在孩子成長過程中的重要作用，但是當她們面對現實情況的時候，又不由自主地更關注孩子們的智力發展，在不知不覺中把自己的所有注意力都集中在孩子的學習成績上。有很多媽媽平時很少對孩子進行品德教育，只有當孩子的品德出現明顯問題，不得不解決的情況下，才把品德教育暫時放到優先的位置上。媽媽們忽視孩子的品德教育，導致孩子學習成績優異但品德敗壞的現象日益凸顯，這不但給孩子的健康成長帶來危害，也給社會發展帶來潛在的危害。

現在越來越多的媽媽們承認，她們在對孩子的品德教育方面有明顯的缺失。為了孩子長大後能成為真正合格的人，媽媽們必須轉變對孩子的教育方式，把注意力更多的轉向對孩子的品德教育上來，這樣才能使教育的天平變得平衡。當然，使媽媽們轉變教育方式不是一件容易的事情，要經過長時間的不斷努力才能實現，但是我們必須從現在開始做起，把加強孩子的品德教育積極開展開來。

媽媽是孩子的第一任老師，有什麼樣的媽媽就有什麼樣的孩子，所以媽媽品德的好壞直接影響孩子品德的好壞。因此，媽媽更要以身作則，透過言傳身教對孩子進行品德教育，同時也可以選擇給孩子擺事實、舉例子的方式。

盈盈的媽媽是一位優秀的母親，她不僅注重孩子的學習成績，也從不忽視對孩子的品德教育。她平時總是給盈盈講一些具有優秀品德的偉人故事，這對盈盈的幫助很大。

有一次期末考試，盈盈獲得了全年級第一名的好成績，當試卷發回來時，她發現自己有一道題做錯了，而老師沒有發現。盈盈心裡有些矛盾，自己究竟要不要把這件事情告訴老師？如果告訴了老師，有可能會丟掉第一名的位置；如果不告訴老師，自己又覺得過意不去。盈盈正在猶豫不決的時候，突然想起了媽媽給自己講的一個故事，於是她堅定地向老師的辦公室走去，準備把這件事情告訴老師。

那麼盈盈的媽媽究竟給她講了一個什麼樣的故事呢？原來盈盈的媽媽在上大學的時候有一位同學，長得其貌不揚，平時大家都很少注意他。有一次，學校要進行一次關係到畢業分配的考試，所有的同學都很著急，想了很多作弊的方法。考場上很多同學都在偷看答案，盈盈的媽媽也不例外。這時盈盈的媽媽發現這位同學不會答，也沒有答案，就悄悄地把自己寫

滿答案的小紙條扔到了他的腳下，奇怪的是，他並沒有撿起來。

考試結束後，盈盈的媽媽問這位同學為什麼不撿起有答案的紙條，他平靜而堅定地說：「會就是會，不會就是不會，做人要誠實，要光明磊落。」盈盈的媽媽頓時對這位同學產生了敬佩之情，同時也對自己的行為感到羞愧，後來她愛上了這位同學，他就是盈盈的爸爸。

盈盈的誠實來自於媽媽孜孜不倦的教誨，也來自於爸爸的以身作則，父母成為了她學習的好榜樣。家庭品德教育是孩子健康成長必不可少的一個環節，孩子的學習成績固然重要，但是良好的道德修養、優秀的道德品格也對孩子的未來發揮著至關重要的作用，這一點是不容忽視的。

我們所說的優秀品德主要包括以下幾個方面：

勤奮：勤奮是個人最重要的品德，也是個人獲得幸福生活的基礎。所以媽媽們要讓孩子從小養成熱愛勞動的優秀品德。

誠實：誠實是一個人能否獲得成功的重要基石，它關係到一個人的信譽和名聲。幾乎所有的孩子都會或多或少的說謊話，這是很正常的事情。問題的關鍵在於媽媽們應該如何對待孩子說謊話，過分指責是不能解決問題的，而是應該在孩子第一次說謊話的時候就糾正他的錯誤，告訴他誠實對一個人的重要性。

禮貌：禮貌是對個人擁有優秀品德最基本的要求。中國是禮儀之邦，小孩子一定要從小養成講文明講禮貌的好習慣。在這點上父母要發揮表率作用，在平時言談舉止一定要得體，不要把粗魯的語言掛在嘴邊，從自身做起才能給孩子帶來積極的影響。

守紀：人是社會中的人，所以人不能隨心所欲的想做什麼做什麼，媽媽們要教育孩子一定要養成遵守紀律的好習慣。為了更好的使孩子養成這種習慣，媽媽們不應該採取命令的方式，而是應該給孩子講明為什麼要這樣做，或者為什麼不能那樣做。只有這樣才能使孩子自覺主動地養成遵守紀律的習慣。

知足：現在大多數家庭都是一個孩子，所以父母就把全部的愛都給了這一個孩子，這樣做往往會使孩子養成自私自利、不知滿足的壞毛病。媽媽們要在日常生活中教育孩子要懂得滿足，不要過於貪婪，還要多為他人著想，樂於助人。

一位媽媽這樣說道：「在我的孩子很小的時候，每次我帶他坐公共汽車的時候我都是站著的，總是把座位讓給老年人或者孕婦。我的做法對孩子產生了積極的影響，當孩子上國小的時候，他每天都要坐公車去上學，於是孩子就向我學習，總是把座位讓給那些需要幫助的人。」

有一次，兒子又和媽媽一起坐公車，兒子習慣性的把自己的座位讓給一位老爺爺。老爺爺看孩子還小，有些不忍心，就說讓孩子繼續坐，這時媽媽卻對兒子說：「你是個男子漢並且已經七歲了，應該站著。」結果，兒子心情愉快地站了一路。兒子上國中的時候，有一次

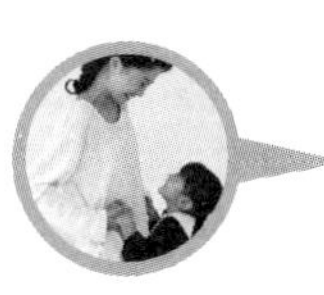

獲得了作文大賽的一等獎。媽媽陪同兒子領獎，到回去前媽媽告訴兒子人應該學會感恩，他之所以取得如此優異的成績，既與自身的努力分不開，也與老師和同學的幫助分不開，他應該給老師和同學買一些禮品。兒子聽了媽媽的建議覺得很有道理，就這麼做了。

上面例子中的媽媽重視從小對孩子進行品德教育，教給孩子應該助人為樂、懂得感恩。孩子應該養成的優秀品德還有很多，媽媽們應該從各個方面對孩子進行品德教育。那麼媽媽們應該怎樣對孩子進行品德教育呢？

1.媽媽們要從小就對孩子進行品德教育，並且從點點滴滴做起。

培養孩子的良好品德不是一朝一夕就能成功的事情，它需要一個循序漸進的過程。媽媽們既不能急於求成，也不能不把品德教育當回事，如果等孩子長大後發現他品德欠缺時，再來對孩子進行品德教育就太晚了。媽媽們應該在孩子小的時候就重視培養他們良好道德品質，並在生活的點點滴滴中感染和影響孩子。

2.媽媽們要即時糾正孩子微小的不良品德。

媽媽們千萬不要忽視孩子小的品德問題，如果媽媽們認為孩子微小的品德欠缺無大礙，那麼妳們就大錯特錯了。有些媽媽對自己的孩子過於溺愛，並且有某種自私心理，總認為自己的孩子什麼都好，對孩子的不良品德不但視而不見，有時候還極力袒護自己的孩子。這種行為不但不是愛孩子的表現，反而會害了孩子。俗話說「千里之堤毀於蟻穴」。微小的品德欠缺如果不即時加以糾正可能會釀成大錯。所以媽媽們既要表揚和鼓勵孩子小的優秀品德，又要即時批評和糾正孩子小的不良行為，只有這樣做才能使孩子成為一個品德優秀的人。

良好的品德和優秀的成績同樣重要，都是孩子成功的重要因素，缺一不可，忽視了任何一個方面都是不可取的。

【媽媽先知道】

抓好品德教育，就要從品德形成的起步點開始，達到先入為主，以便一開始就在兒童大腦中留下非常牢固的、良好的、深刻的痕跡。孩子出世來到人間，第一次喜、怒、哀、樂，第一次學說話，第一次學走路，懂得第一個道理等都發生在家裡。因此，媽媽的教育好比在白紙上畫畫，第一筆怎麼畫、怎樣構圖、塗什麼顏色等，這對孩子今後能否畫出美麗的人生畫卷是相當重要的。由此可見，媽媽對孩子的品德教育將會對孩子產生終身的影響。

國家圖書館出版品預行編目資料

媽媽心態決定孩子狀態／江慧著.
——第一版——臺北市：字阿文化出版；
紅螞蟻圖書發行，2011.10
面　公分——(父母大學；12)
ISBN 978-957-659-870-8（平裝）

1.親職教育 2.子女教育 3.親子溝通 4.母親

528.2　　100018693

父母大學 12

媽媽心態決定孩子狀態

作　　者／江慧
責任編輯／韓顯赫
美術構成／Chris' office
校　　對／鍾佳穎、周英嬌、楊安妮
發 行 人／賴秀珍
榮譽總監／張錦基
總 編 輯／何南輝
出　　版／字阿文化出版有限公司
發　　行／紅螞蟻圖書有限公司
地　　址／台北市內湖區舊宗路二段121巷28號4F
網　　站／www.e-redant.com
郵撥帳號／1604621-1　紅螞蟻圖書有限公司
電　　話／(02)2795-3656（代表號）
傳　　真／(02)2795-4100
法律顧問／許晏賓律師
印 刷 廠／卡樂彩色製版印刷有限公司
出版日期／2011年 10 月　第一版第一刷

定價 250 元　港幣 83 元

ISBN 978-957-659-870-8　　Printed in Taiwan